Mi Primer

LAROUSSE

de los

Porqués

ILUSTRACIONES

Jacques **Azam**
Robert **Barborini**
Manu **Boisteau**
Vincent **Bourgeau**
Catherine **Chardonnay**
Nathalie **Choux**
Nathalie **Dieterlé**
Vincent **Desplanche**
Charles **Dutertre**
Olivier **Latyk**
Anaïs **Massini**
Clotilde **Perrin**
Rémi **Saillard**
Mathieu **Sapin**
Fabienne **Teyssèdre**

EDICIÓN ORIGINAL

Redacción: Françoise **de Guibert** y Laure **Cambournac**
Consejero científico: Eric **Mathivet**
Dirección artística, concepción gráfica y realización:
F. **Houssin** y C. **Ramadier** para DOUBLE
Dirección editorial: Françoise **Vibert-Guigue**
Edición: Brigitte **Bouhet**
Dirección de la publicación: Dominique **Korach**

EDICIÓN PARA LATINOAMÉRICA

Dirección de la publicación: Amalia **Estrada**
Cuidado de la edición: Mónica **Godinez** y Lourdes **Corona**
Asistencia administrativa: Guadalupe **Gil**
Traducción: Pilar **Ortiz**
Adaptación: Equipo de Edición Infantil de ELM

© 2003 Larousse/VUEF
21 rue du Montparnasse –75006, París
"D.R."© MMIV por E.L., S.A. de C.V.
Londres 247, México 06600, D. F.
ISBN 2-03-553-058-X. (Larousse/VUEF)
ISBN 978-970-22-1067-2 (E.L., S.A. de C.V.)
PRIMERA EDICIÓN — 4ª reimpresión — 1/09
Impreso en Malasia

Mi Primer
LAROUSSE
de los
Porqués

LAROUSSE

ÍNDICE

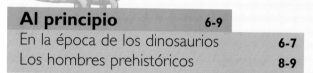

En la época de los dinosaurios

1

¿Los hombres prehistóricos cazaban a los dinosaurios?

➤ Los dinosaurios vivieron hace más de 200 millones de años, ¡mucho, mucho tiempo antes que los hombres! Cuando los hombres prehistóricos aparecieron, los dinosaurios ya habían desaparecido.

2

¿Los dinosaurios eran feroces?

➤ Se conocen aproximadamente 1 000 especies de dinosaurios, algunos eran grandes cazadores, con dientes afilados, como el tiranosaurio, pero los dinosaurios más grandes eran herbívoros apacibles; ¡sólo comían plantas!

¡Mmm...!

¿Cuál es el más grande de los dinosaurios?

➡ Había dinosaurios de todos tamaños: pequeños y grandes. El seísmosaurio, un dinosaurio herbívoro encontrado en Estados Unidos, bate todos los récords. ¡Medía 40 metros de largo!

3

¿Por qué ya no existen los dinosaurios?

➡ Se sabe que los dinosaurios desaparecieron hace 65 millones de años pero, ¿cómo? Nadie puede explicarlo con exactitud. Muchos científicos piensan que se debió a la caída de un gigantesco meteorito en la Tierra. Sin embargo, de algo sí están completamente seguros: ¡los únicos dinosaurios que existen en la actualidad están en el cine!

4

¡Es cierto!
Hace menos de 300 años se descubrieron los primeros vestigios de los dinosaurios: primero el extremo de un hueso, luego unos dientes inmensos... Un sabio inglés les puso nombre a estos animales nunca antes vistos. Dinosaurio proviene de dos palabras griegas que significan *terrible lagartija*.

AL PRINCIPIO

Los hombres prehistóricos

5

¿Dónde vivían los hombres prehistóricos?

➡ Los primeros hombres prehistóricos vivían en la sabana de África. Los hombres de Cro-Magnon cazaban mamuts. Como se mudaban con frecuencia de albergue para seguir a las manadas, dormían en tiendas hechas de pieles o a la entrada de las grutas.

6

¿Es cierto que el hombre desciende del mono?

➡ Se piensa que los humanos y los monos tuvieron un ancestro en común, pero los humanos descienden más directamente de una especie llamada *australopiteco*; la primera que pudo mantenerse erguida.

7

¿Los hombres prehistóricos se parecen a nosotros?

➡ Con el paso del tiempo la especie humana evolucionó. Hace dos millones de años, los primeros hombres eran muy fuertes. ¡Tenían un cerebro pequeño y una cabeza muy curiosa! En cambio los hombres de Cro-Magnon, que aparecieron en Europa mucho más tarde, se parecen bastante a nosotros.

¿Qué hacían durante todo el día?

➺ Los hombres de Cro-Magnon trabajaban mucho para alimentarse y protegerse del frío. Tallaban el pedernal para elaborar armas y herramientas. Sabían encender fuego y lo utilizaban para cocer los alimentos, para calentarse y alumbrarse en la oscuridad, ¡y para alejar a los animales salvajes!

¿Todos ellos hacían pinturas en las cuevas?

➺ Los hombres de Cro-Magnon no vivían en cuevas: son demasiado frías y oscuras. Sin embargo, en los interiores de algunas de ellas, verdaderos artistas hicieron pinturas muy bellas. Quizás esas cuevas pintadas fueron las iglesias de los hombres de Cro-Magnon.

¡Es cierto!
Los paleontólogos investigan la prehistoria. Pasan años escarbando el suelo para encontrar dientes, huesos o piedras talladas. Para poner todo en orden, ¡tienen que armar un verdadero rompecabezas!

AL PRINCIPIO

¿Por qué arde la lengua con el jugo de limón?

¿Por qué nos peleamos?

¿Por qué se pierden los dientes de leche?

¿Por qué hay niñas y niños?

¿Por qué nos bronceamos cuando tomamos el sol?

¿Por qué mientras más deporte hagamos, más musculosos nos ponemos?

¿Por qué cuando tenemos miedo late tanto el corazón?

¡Así es la vida!

Preguntas 10 a 87

Somos iguales, somos diferentes

10

¿Qué es un ser humano?

➤➤ Todos los hombres, las mujeres y los niños de la Tierra son seres humanos. También somos mamíferos, como los demás animales que amamantan a sus hijos: pero de todos ellos, somos los únicos que pueden ponerse de pie y los únicos que hablan, ríen y piensan.

11

¿De qué estamos hechos?

➤➤ Nuestro cuerpo está compuesto por millones de células. Son tan pequeñas que sólo se pueden ver con microscopio. Cada parte del cuerpo (los huesos, la sangre, la piel, el cerebro...) tiene células; ellas se renuevan sin cesar.

¿Por qué no somos todos iguales?

➡ Todos los seres humanos se parecen y, al mismo tiempo, son diferentes. Altos, pequeños, gordos, delgados, rubios o morenos, cada uno de nosotros es una mezcla única, hecha por los padres. Después, al crecer, cada quien cambia a su manera.

¿Por qué hay niños y niñas?

➡ En el vientre de la mamá se decide si el bebé será un niño o una niña. Las niñas y los niños tienen cuerpos casi iguales, pero no el mismo sexo. Al crecer se convierten en hombres o mujeres y juntos pueden tener niños.

¡Es cierto!
Hay más de 6 mil millones de habitantes en el mundo. Las mujeres son un poco más numerosas que los hombres. Los países más poblados son China y la India.

EL CUERPO

14

¿Todos los huesos tienen la misma forma?

➡ Los huesos tienen formas y tamaños diferentes. Hay huesos largos, como el húmero, que es un hueso del brazo. Otros son cortos, como las vértebras, y otros más son planos, como los huesos de la cabeza. Todos juntos forman el esqueleto.

15

¿Qué hay en el interior de un hueso?

➡ Un hueso es como un tubo muy duro. En el interior del tubo hay una materia viscosa, la médula ósea.

16

¿Los huesos crecen?

➡ En el momento del nacimiento, no todos los huesos están completamente formados; contienen una materia suave, el cartílago, que se transformará poco a poco en hueso sólido. Al endurecerse, los cartílagos hacen crecer los huesos hasta los veinte años de edad, aproximadamente.

¿Cómo se unen los huesos?

➡️ Los huesos se unen entre sí por medio de ligamentos, que son una especie de bandas muy sólidas. Están en todas las articulaciones, es decir, en lugares donde el cuerpo se pliega como los brazos y las piernas.

17

1 250 000 años

¿Por qué los huesos no desaparecen cuando nos morimos?

➡️ La parte dura de los huesos contiene calcio, que es un material muy sólido. Cuando una persona muere, los huesos pueden hacerse tan duros como piedras y conservarse por mucho tiempo.

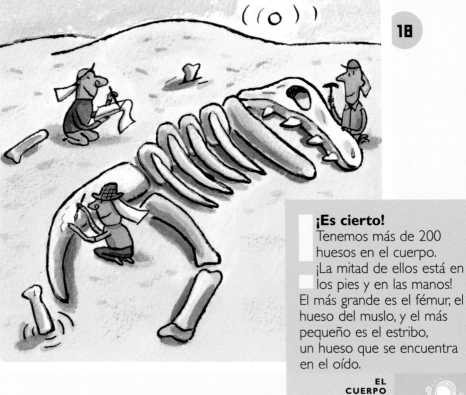

18

¡Es cierto!
Tenemos más de 200 huesos en el cuerpo. ¡La mitad de ellos está en los pies y en las manos! El más grande es el fémur, el hueso del muslo, y el más pequeño es el estribo, un hueso que se encuentra en el oído.

Los músculos

19

¿Tenemos músculos en otra parte que no sean las piernas y los brazos?

➡ Los músculos de las piernas y de los brazos son los más conocidos, ¡pero tenemos músculos en todo el cuerpo! Grandes, como los del vientre –los abdominales–, pequeños, como los que nos permiten cerrar los ojos, y el corazón, que trabaja sin cesar.

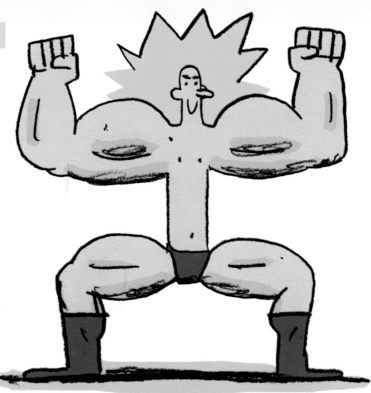

20

¿Para qué sirven los músculos?

➡ ¡Gracias a los músculos podemos movernos! Si queremos tomar un objeto de una mesa, el cerebro envía una orden a los músculos y ¡oh!, el brazo se extiende. No a todos los músculos se les puede dar órdenes: se trata del corazón, los músculos de los intestinos o los de los vasos sanguíneos.

¿Por qué se inflan los bíceps al plegar el brazo?

➡ Cuando el brazo está extendido, el bíceps tiene forma alargada porque está relajado. Al plegar el brazo, el bíceps se encoge y se infla. Aunque no lo veamos, cada vez que nos movemos, un músculo se contrae mientras que otro se estira.

¿Por qué si hacemos más deporte, más musculosos nos ponemos?

➡ Cuando un músculo trabaja con frecuencia, aumenta su tamaño. Por eso los grandes jugadores de tenis son tan musculosos... ¡de un brazo! Por el contrario, cuando nos ponen un yeso y permanecemos mucho tiempo sin movernos, el músculo adelgaza.

¡Es cierto!
El cuerpo humano posee más de 600 músculos. Tan sólo la lengua tiene más de 17 y para hacer una mueca ¡hay que poner a trabajar 50 músculos de la cara!

El corazón, la sangre y los pulmones

23

¿Por qué cuando tenemos miedo el corazón late tan fuerte?

➡ El corazón late todo el tiempo, pero lo sentimos con mayor intensidad cuando late más rápido y más fuerte. Cuando tenemos miedo, todo el cuerpo se prepara para huir a toda prisa. Por eso el corazón late tan rápido.

24

¿Por qué sangramos cuando nos hacemos una herida?

La sangre circula por todo el cuerpo a través de unas tuberías más o menos gruesas: las arterias, las venas y los vasos capilares. Estos últimos son unos tubos muy delgados que distribuyen a cada célula del cuerpo el oxígeno contenido en la sangre. Cuando nos raspamos, escapa la sangre de los capilares de la piel.

¿Por qué se infla el pecho cuando respiramos con fuerza?

➤➤ Cada vez que respiramos, el músculo de la respiración, el diafragma, desciende, las costillas se separan y el aire infla los pulmones. Cuando respiramos suavemente, no se nota mucho, pero cuando respiramos con fuerza, se ve cómo se ensancha el pecho.

25

¿Podemos morir si dejamos de respirar?

➤➤ Para que el cuerpo pueda vivir, necesita permanentemente del oxígeno que le aporta la respiración. Si alguien contiene el aliento durante un buen rato, se sentirá mal y correrá el riesgo de desmayarse hasta que su respiración se normalice.

26

¡Es cierto!
Cuando está en reposo, el corazón de un adulto late 70 veces por minuto; el de un niño lo hace entre 90 y 120 veces por minuto.

La piel y el vello

27 ### ¿Por qué nos bronceamos cuando tomamos el sol?

➡ La piel es muy sensible a ciertos rayos del sol, los ultravioleta. Para protegerse, la piel elabora una materia oscura, la melanina. Cuando tomamos el sol, la piel fabrica más y entonces nos bronceamos. ¡Pero no hay que olvidar el protector solar!

28 ### ¿Por qué debemos cortarnos las uñas regularmente?

➡ Las uñas son las garras de los humanos, protegen los dedos. Como los cabellos, crecen sin cesar, por eso deben cortarse con frecuencia. Cuando están muy largas, se rompen y llenan de suciedad.

¿Por qué no todos tenemos el mismo color de piel?

➡ Los habitantes de las regiones más soleadas tienen la piel oscura, eso se debe a que contiene melanina para protegerlos mejor del sol.

Los habitantes de las regiones donde hay poco sol, tienen la piel clara.

¿Para qué sirve tener vellos en el cuerpo?

➤➤ Los vellos impiden que el polvo se meta en los ojos, la nariz, las orejas y la boca. Cuando hace frío, se erizan, es la llamada *piel de gallina*. Los cabellos protegen la cabeza de los golpes y de los rayos del sol.

Si no nos cortáramos el cabello, ¿crecería hasta el suelo?

➤➤ ¡Tenemos cerca de 100 000 cabellos en la cabeza! Crecen más de 2 mm por semana, pero solamente permanecen de 2 a 4 años. Las cabelleras más largas rara vez pasan de un metro.

¡Es cierto!
Cada persona tiene huellas digitales diferentes que no cambian jamás. Por eso, desde hace mucho tiempo, las huellas han servido para identificar a la gente.

En la boca

32

¿Cuántos dientes tenemos?

➤ Los niños tienen sólo 20 dientes en total: 8 incisivos, 4 caninos y 8 molares. Son los dientes de leche, dientes pequeños adaptados al tamaño de la boca de un niño. Los adultos tienen 28 dientes más las cuatro muelas del juicio.

33

¿Por qué no todos nuestros dientes tienen la misma forma?

➤ Los dientes de enfrente sirven para cortar los alimentos, son planos y cortantes. Los caninos desgarran la carne, son muy puntiagudos. Los molares son gruesos y largos, sirven para triturar los alimentos.

¿Por qué hay gente que lleva aparatos dentales?

➡ A veces los dientes no salen derechos. Pueden quedar muy separados o muy hacia el frente o bien, salen unos encima de otros. Para que queden derechos, hay que ponerse un aparato dental.

¿Para qué sirve la saliva?

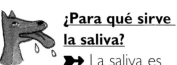

➡ La saliva es importante porque mata los microbios y conserva la boca húmeda. Cuando comemos, la saliva moja los alimentos y empieza su digestión. ¡Eso facilita el trabajo del estómago!

¿Por qué arde la lengua con el jugo de limón?

➡ Al ver la lengua de cerca se pueden observar pequeñas jorobas: las papilas, que nos transmiten el sabor de los alimentos: dulce, salado, ácido, amargo. La acidez del limón es detectada por las papilas que se encuentran en los costados de la lengua. Como el limón es muy ácido, ¡arde!

¡Es cierto!
Las muelas del juicio salen tarde, hacia los 18 años, ¡o nunca!
Algunas personas no tienen muelas del juicio o bien sólo tienen una raíz que no saldrá de la encía.

EL CUERPO

Los ojos, la nariz y las orejas

37

¿Por qué no vemos en la oscuridad?

➡ Para poder ver es necesario que la pupila, el pequeño hueco negro que está en el centro del ojo, deje entrar la luz. Cuando está oscuro, la pupila se agranda para captar más luz. Si está muy oscuro no vemos nada.

38

¿Por qué se nos cierran los ojos cuando hay demasiada luz?

➡ Mirar una fuente de luz muy intensa, como el sol, es peligroso para el ojo. Para protegerlo, la pupila se vuelve muy pequeña. Si la luz es realmente muy fuerte, los ojos se cierran automáticamente.

¿Cómo identificamos los olores?

➡ La nariz posee células que detectan los olores que flotan en el aire y el cerebro decide si son agradables o desagradables.

¡Qué olor!

Roquefort

La nariz ayuda también a percibir el sabor de lo que comemos. Cuando estamos resfriados, los alimentos no tienen sabor.

¡Qué insípido!

Roquefort

¿Por qué nos escurre la nariz cuando estamos resfriados?

➤ Cuando estamos resfriados, los microbios se multiplican en el interior de la nariz. El moco que escurre se lleva los microbios hacia afuera así que, para ayudar a nuestro cuerpo, ¡hay que sonarse!

¿Qué hay dentro del hueco de las orejas?

➤ Hay un tubo que conduce al tímpano; una membrana, parecida a la tapa de un tambor, que vibra con cada sonido. A veces se siente al sumergir la cabeza en el agua. Protegido detrás del tímpano, se encuentra el oído interno, que nos permite escuchar los sonidos, y juega también un papel en el equilibrio.

¡Es cierto!
Los sonidos demasiado fuertes pueden dañar seriamente nuestro oído interno. Si escuchas una canción a un volumen muy alto, puedes quedarte sordo.

EL CUERPO

El nacimiento

42

¿Dónde permanecemos antes de nacer?

➡ Para tener un bebé, se necesitan un papá y una mamá que se amen. Las células de vida del papá se llaman *espermatozoides* y la de la mamá *óvulo*. Cuando se encuentran, forman un pequeño huevo que crece en la bolsa de bebé de la mamá y, poco a poco, se convierte en un bebé.

43

¿Cómo sabe una mamá que espera un bebé?

➡ Hay varios signos que pueden indicar a una mamá que está encinta. Sus senos se abultan, tiene náuseas o se siente fatigada. Pero para estar segura de que espera un bebé, debe hacerse una prueba de embarazo.

44

¿Cómo saber si es un niño o una niña?

➡ Durante el embarazo, la mamá debe hacerse exámenes regularmente para asegurarse de que el bebé está bien. La ecografía permite ver al pequeño bebé en el vientre de su madre y conocer su sexo.

¿El bebé come en el vientre de su mamá?

➤➤ La sangre de la mamá aporta al bebé lo que necesita para crecer. El bebé no come con la boca, como nosotros; su alimento pasa por un cordón que lo une a su mamá. Después del nacimiento se corta ese cordón. ¡La cicatriz es el ombligo!

45

¿Cómo hacen los bebés para salir del vientre de su mamá?

➤➤ Al cabo de nueve meses, el bebé está listo para nacer. ¡En sus marcas, listos, fuera! Con la cabeza colocada hacia abajo, es empujado hacia fuera del vientre con fuertes contracciones. Sale por el sexo de su mamá, respira por primera vez... y lanza su primer grito.

46

¡Es cierto!
Se necesita tiempo para que el bebé se desarrolle completamente en el vientre de su mamá.
A veces, el bebé nace demasiado pronto.
Sus pulmones no funcionan bien todavía y es muy frágil.
Debe permanecer un tiempo en el hospital antes de regresar a casa.

EL CRECIMIENTO

Los bebés

47

¿Por qué los bebés duermen todo el día?

➤➤ Los bebés necesitan dormir dos veces más que tú. Durante su sueño, su cuerpo no permanece inactivo, crece. Y además, ¡descubrir tantas cosas nuevas es agotador!

48

¿Por qué sólo beben leche?

➤➤ Al nacer, los niños todavía no tienen dientes y su estómago sólo puede digerir leche. Por eso las mamás los amamantan o sus padres les dan biberones con una leche especial.

¿Por qué lloran con tanta frecuencia?

➤➤ ¡No es fácil darse a entender si no se habla todavía!

Con sus gritos, los bebés se comunican con las personas que los cuidan. Lloran para decir que tienen sueño, que necesitan afecto, o que tienen hambre.

¿Por qué usan pañales?

➡ Cuando tienes ganas de hacer pipí o caca, tu cerebro envía una señal a los esfínteres, los pequeños músculos que sirven para contenerse mientras llegas al baño. El cerebro de los bebés aún no está tan desarrollado como para controlar los esfínteres; por eso hacen pipí y caca en sus pañales.

¿Por qué no saben hacer nada?

➡ Los bebés son demasiado pequeños para hacer lo mismo que sus hermanos y hermanas. Pero si los observamos bien, ¡veremos que aprenden pronto! Al crecer, miran todo lo que está a su alrededor, responden a las sonrisas, balbucean y toman con sus manitas algunos objetos.

¡Es cierto!
Generalmente la mamá sólo espera un bebé. Pero a veces en el pequeño huevo de inicio hay dos bebés. Son los gemelos. En ocasiones pueden ser 3, 4, 5 o incluso 6, ¡pero es raro que así ocurra!

EL CRECIMIENTO

El desarrollo

52

¿Por qué se caen los dientes de leche?

➡ Desde el nacimiento, los raigones de los dientes de leche y de los dientes definitivos están ocultos en la encía. Los dientes de leche crecen de los seis meses de edad a los dos años. Hacia los seis años, los raigones de los dientes definitivos se desarrollan y los dientes de leche caen para dejarles su lugar.

53

¿Hasta qué edad crecemos?

➡ El crecimiento de los huesos comienza al nacer y se detiene aproximadamente a los 20 años. El esqueleto no es lo único que se modifica... Durante la adolescencia, todo el cuerpo cambia: es la pubertad. El cuerpo de los adultos ya no crece.

¿Cuándo crece el busto de las niñas?

➡️ A partir de los 10 o 12 años, el cuerpo de las niñas empieza a cambiar para convertirse en cuerpo de mujer. Los senos se desarrollan para permitirles amamantar a su bebé cuando sean mamás. También les crecen los vellos, es la etapa de la pubertad.

¿Qué les cambia a los niños?

➡️ Hacia los 13 o 14 años, en los niños se desarrollan los músculos de la garganta y de la boca y aparece la nuez de la garganta. Eso hace que la voz cambie y se vuelva más grave. A los niños les crece un poco de barba y vello por casi todo el cuerpo.

55

¡Es cierto!
La pubertad dura varios años. Las transformaciones no son únicamente físicas, el carácter también cambia. Nos sentimos extraños, no nos entendemos bien con nuestros padres y cambiamos de amigos...

EL CRECIMIENTO

Y después...

56

¿Cómo nos hacemos viejos?

➤➤ ¡Envejecemos durante toda la vida! Aunque no seas viejo, eres mayor que un recién nacido. No se puede decir que la vejez comience en un momento preciso. A partir de cierta edad, el cuerpo ya no puede tener hijos. Después, poco a poco, se vuelve más débil.

¿Podemos evitar el envejecimiento?

➤➤ Aunque no podemos impedir que nuestro cuerpo envejezca, si lo cuidamos durante toda la vida, podremos disfrutar por más tiempo de una buena salud. También se pueden teñir los cabellos blancos o incluso, quitarse las arrugas.

57

¿Por qué muere la gente?

➤➤ Al envejecer, los órganos ya no funcionan tan bien. El cuerpo se cansa y le cuesta más trabajo defenderse de las enfermedades. Generalmente, al final de la vida, el corazón deja de latir o el cerebro deja de funcionar.

¿Podemos saber cuándo vamos a morir?

➡ A veces, las personas mayores o enfermas sufren mucho y no tienen ganas de seguir viviendo. Algunas se sienten tan cansadas que tienen la impresión que pronto morirán.

59

¿Qué pasa cuando morimos?

A ROGER, NUESTRO VECINO

➡ Cuando una persona deja de vivir, su cuerpo se coloca en un ataúd y se entierra en el cementerio. Nadie sabe lo que siente la persona que muere. Algunos creen que se va al cielo, otros piensan que no pasa nada.

60

¡Es cierto!
La persona que más ha vivido es una francesa que murió a los 122 años.

¡Tan limpio y tan guapo!

61

¿Por qué debemos bañarnos?

➠ Algunos microbios minúsculos e invisibles nos pueden enfermar. Adoran la mugre y detestan el jabón. ¡Por eso debemos bañarnos todos los días para tener buena salud!

Para ahuyentar a los microbios debemos lavar regularmente las sábanas de las camas, y limpiar bien la casa.

62

¿Por qué debemos cepillarnos los dientes después de las comidas?

➠ Cuando comemos, algunos pedacitos de comida quedan atrapados entre los dientes. Es un verdadero festín para algunos microbios como las bacterias, que se multiplican muy rápido. Cuando no los cepillamos, los dientes se cubren de unas bacterias que hacen hoyos: las caries.

¿Por qué debemos lavarnos las manos después de ir al baño?

➤ En nuestros intestinos viven numerosas bacterias. Cuando defecamos salen con el excremento. En nuestro vientre no son peligrosas, pero pueden serlo en otras partes del cuerpo. Por eso hay que lavarse muy bien las manos después de ir al baño.

63

¿Por qué huelen mal los pies cuando usamos zapatos de goma?

Cuando caminamos o cuando tenemos calor, nos transpiran los pies. Si usamos zapatos mal ventilados por mucho tiempo, la transpiración no se puede evaporar y huele mal.

64

¡Es cierto!
Hace 200 años, había gente que no se bañaba casi nunca porque se creía que la suciedad protegía de la enfermedad. Hace 100 años, la gente sólo se bañaba una vez por semana. Los demás días bastaba con mojarse la cara.

¡EN FORMA!

¿Qué comemos?

65

¿Es cierto que si dejamos de comer o de beber, nos morimos?

➤ Primero nos sentimos muy cansados, después podemos morir. Si no bebemos con frecuencia, el cuerpo no puede funcionar. También necesita comida, ya que los alimentos aportan energía para vivir y para crecer.

66

¿Adónde van los alimentos cuando comemos?

➤ En la boca masticamos los alimentos, después bajan al estómago donde se transforman en un caldo muy ligero. Este caldo pasa al intestino y lo que es bueno para la salud se va a la sangre para distribuirlo por todo el cuerpo. Los deshechos continúan por el intestino grueso y salen por el ano cuando defecamos.

¿Por qué gorgotea el estómago cuando tenemos hambre?

➡ En el estómago y los intestinos hay unos músculos que trabajan para ayudar a digerir los alimentos. Entre dos digestiones, el estómago se llena de aire y de líquido. Cuando tenemos hambre los músculos se contraen con más fuerza y glu, glu, el aire y el líquido se agitan.

67

¿Por qué no podemos comer sólo lo que nos gusta?

➡ Para estar en forma necesitamos una alimentación variada, con azúcares, proteínas, vitaminas y materias grasas. Hay muchas vitaminas en las verduras y las frutas. ¡Por eso es importante comerlas!

68

¡Es cierto!
La digestión toma su tiempo. Los alimentos pasan entre 20 y 30 horas en el sistema digestivo: unos minutos en la boca, algunas horas en el estómago y en el intestino delgado, y aproximadamente 18 horas en el intestino grueso.

¡EN FORMA!

Pequeñas preocupaciones

69

¿Por qué cuando tenemos frío se nos pone la *carne de gallina*?

➤➤ Cuando tienes frío, te castañetean los dientes, tiritas y se te pone *la carne de gallina*... Son reflejos que te ayudan a calentarte, la carne de gallina cierra los poros de la piel para perder menos calor.

¿Por qué transpiramos cuando tenemos calor?

➤➤ El cuerpo transpira para luchar

contra del calor. Produce sudor, un líquido salado que refresca la piel al evaporarse.

70

¿Por qué eructamos o expulsamos gases sin querer?

➤➤ El aire que se encuentra en nuestro estómago sale a veces por la boca si comemos muy rápido. Al salir produce un sonido, es un eructo. Cuando hay mucho gas en los intestinos, sale por el recto y generalmente ¡huele muy mal!

¿Por qué nos da hipo?

➤ Tenemos hipo cuando comemos mucho o cuando comemos muy rápido. *Hip, hip*, el gran músculo que está debajo de los pulmones, el diafragma, se contrae entonces bruscamente en medio de la inspiración. El aire expulsado violentamente hace ruido en la garganta, ¡hip!, ¡hip!

72

¿Por qué debemos dormir aunque no tengamos ganas?

➤ El sueño es indispensable para la salud. Es entonces cuando nos recuperamos del cansancio del día, ¡cuando dormimos, no hacemos nada! El corazón late, respiramos, digerimos, soñamos. ¡Es durante el sueño cuando el cuerpo crece más!

73

¡Es cierto!
Primero, tu sueño es muy ligero, el menor ruido puede despertarte.
Después entras en un sueño profundo. Tu cuerpo permanece completamente inmóvil. Luego, durante algunos minutos, sueñas. Tus manos se agitan, tus ojos se mueven, sonríes. Esas tres fases se repiten varias veces durante la noche.

¡EN FORMA!

Pequeñas preocupaciones

¿Por qué nos duele el costado cuando corremos mucho?

74

➡ Cuando hacemos un gran esfuerzo, el cuerpo necesita mucha energía. El corazón y la respiración se aceleran. Pero cuando el esfuerzo es brusco o nos falta entrenamiento, el músculo de la respiración, el diafragma, no logra funcionar bien y ¡ay!, ¡sentimos un fuerte dolor en el costado!

75

¿Por qué sale un chichón cuando nos pegamos fuerte?

➡ En el momento en que nos golpeamos, los pequeños vasos que están bajo la piel dejan escapar la sangre. Si te pegas en la cabeza, se inflama y sale un chichón. Si te pegas en otra parte, se forma también una bola, pero se ve menos... en cambio, ¡te sale un moretón!

¿Por qué los piquetes de mosquito producen comezón?

➤ Cuando un mosquito pica, inyecta su saliva en la piel para que la sangre se vuelva líquida.
La saliva del mosquito hace que salga un granito que pica.

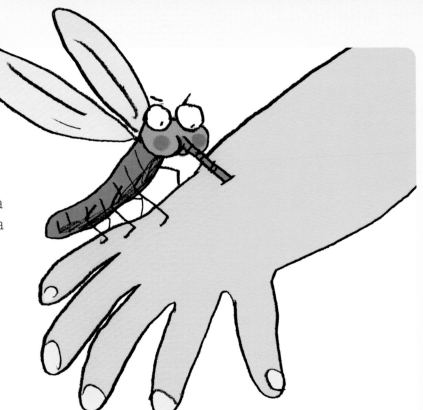

 ### ¿Por qué sentimos hormigas en las piernas?

➤ Si permanecemos sentados mucho tiempo con las piernas dobladas, impedimos que la sangre circule correctamente.
El hormigueo que sentimos, ¡es una señal de alarma para que cambiemos de posición!

¡Es cierto!
Cuando vamos en un coche nuestro cerebro recibe información que le indica, al mismo tiempo, que el cuerpo está inmóvil pero también que hay movimiento, puesto que el coche circula. ¡El cerebro no entiende nada! Esos mensajes contradictorios pueden provocarnos náuseas.

¡EN FORMA!

Me siento mal...

78

¿Cómo contraemos las enfermedades?

➥ La mayor parte del tiempo nuestro cuerpo puede resistir a los microbios; a veces está cansado o es atacado por microbios muy fuertes y no logra defenderse. Entonces nos enfermamos. Algunos microbios, como el virus de la rubéola, sólo afectan a los niños.

79

¿Por qué se vacuna a los niños?

➥ El médico vacuna a los niños antes de que estén enfermos. Eso les permite resistir ciertas enfermedades graves o contagiosas.

¿Por qué nos da fiebre cuando nos enfermamos?

➥ La fiebre es una reacción natural del cuerpo para defenderse de la enfermedad, pues la temperatura debilita a los microbios.

80

¿Es grave ir al hospital?

➼ Hay muchas razones para ir al hospital: si nos caemos, nos quemamos o nos duele mucho el estómago... A veces sí tenemos algo grave pero, generalmente, no es para tanto. En todo caso, ir al hospital ¡da un poco de miedo!

81

¿Son dolorosas las operaciones?

➼ Antes de una operación, el médico duerme con medicamentos la parte del cuerpo que va a ser operada. Después de la operación, generalmente nos sentimos mal, pero la enfermera tiene calmantes contra el dolor. En ciertas operaciones se duerme completamente al enfermo, a eso se le llama anestesia general.

82

¡Es cierto!
¡Los microbios están por todas partes! En un puñado de tierra, hay más microbios que habitantes en el mundo. ¡Pero no todos son malos! Gracias a las bacterias se hace el vinagre, el yogur y el queso. Sin embargo algunos virus nos enferman gravemente.

¡EN FORMA!

Emociones y sentimientos

83 **¿Por qué no queremos a toda la gente?**
➼ Según nuestro carácter, hay personas con las que congeniamos de inmediato y otras con las que nos lleva más tiempo entendernos. Hay gente que no nos agrada y, a veces, ¡no sabemos por qué!

84

 ¿Por qué nos peleamos?
➼ No siempre estamos de acuerdo con los demás, incluso con nuestro mejor amigo. ¡Y está bien dar nuestra opinión! Cuando nadie quiere dialogar, todo termina en pelea.

85 **¿Por qué nos regañan?**
➼ Si nos regañan es porque hemos hecho una tontería. Cuando los niños hacen cosas peligrosas, los adultos se enojan mucho. Aunque también hay días en que los padres regañan por cualquier cosa.

¿Por qué los niños lloran más que los adultos?

➤➤ Los niños lloran por muchas razones: cuando están desilusionados, cuando están cansados, cuando se hacen una herida. Algunos adultos lloran a veces y otros jamás. Sin embargo, cuando estamos tristes ¡hace bien llorar!

¿Por qué nos dan miedo las pesadillas?

➤➤ Cuando dormimos, los sueños suelen ser agradables. Pero hay noches en las que soñamos con monstruos, fantasmas, perros malvados que nos atacan. Esas visiones aterradoras nos despiertan de golpe. Hay ocasiones en las que toma un poco de tiempo salir completamente de la pesadilla...

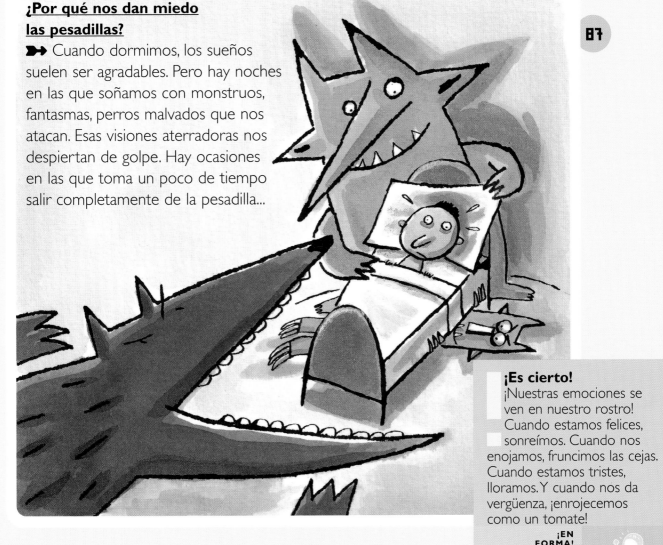

¡Es cierto!
¡Nuestras emociones se ven en nuestro rostro! Cuando estamos felices, sonreímos. Cuando nos enojamos, fruncimos las cejas. Cuando estamos tristes, lloramos. Y cuando nos da vergüenza, ¡enrojecemos como un tomate!

¡EN FORMA!

¿Por qué los cactus tienen espinas?

¿Por qué las flores huelen bien?

¿Por qué hace frío en los polos?

¿Por qué las plantas son verdes?

¿Por qué hay mareas?

¿Por qué los volcanes en erupción arrojan fuego?

¿Por qué la nieve nunca se derrite en las cimas de las montañas?

En la naturaleza

Preguntas 88 a 163

Pequeña geografía de la Tierra

88

¿Por qué a la Tierra se le llama *el planeta azul?*

➦ Porque la mayor parte de la Tierra está cubierta por el mar y los océanos. Vista desde el cielo, ¡la Tierra se ve completamente azul! No se ve agua en otros planetas.

89

¿Los continentes están sobrepuestos en el mar?

➦ No, nuestro planeta está cubierto por una corteza, que es la corteza terrestre. Hay océanos donde la corteza se ha hundido y donde sobresale están los continentes.

¿La Tierra siempre ha sido igual a como es ahora?

➡ La Tierra siempre ha sido redonda, pero su superficie ha cambiado. Hace millones de años la Tierra tenía más volcanes, también hubo una época en la que hacía mucho más frío que en nuestros días.

¿De dónde viene el agua de los ríos?

➡ Los ríos provienen de la unión de los riachuelos, que a su vez se forman con las lluvias y con el agua de la nieve que se derrite en las montañas. A veces el agua penetra en la tierra y brota más lejos en forma de manantial.

¿Hay lugares de la Tierra que no conocemos?

➡ Gracias a las fotos tomadas desde el espacio, hoy conocemos hasta el mínimo rincón de la Tierra. Aunque a veces nos sorprendemos al descubrir una isla desconocida sobre la superficie del océano, ¡es la cima de un inmenso volcán submarino...!

Una isla virgen.

¡Es cierto!
Hace cientos de millones de años, en la Tierra había un solo continente. Millones de años más tarde, ya había dos. Ahora son seis: Eurasia (Europa + Asia), África, América, Australia y la Antártida.

ALREDEDOR DEL MUNDO

Los mares y los océanos

¿A qué se parece el fondo del mar?

➡ Cerca de las costas, el fondo del mar es plano, pero entre más nos alejamos, más se hunde. En lo más profundo de los océanos hay inmensas montañas y hondonadas de varios kilómetros de profundidad, ¡e incluso volcanes que arrojan lava!

¿Hasta dónde llega el mar después del horizonte?

➡ Cuando se observa el horizonte, parece que el mar no tiene fin. Sin embargo, si se toma un barco y se avanza todo derecho, derecho, se acaba por llegar a otra tierra ¡aun si ese viaje lleva mucho tiempo!

¿Por qué unos días el mar está caliente y otros frío?

➡ El sol y el viento hacen que cambie la temperatura del mar. En verano, si hay sol durante varios días y no hay viento, el agua estará caliente. Pero si está nublado, ha llovido y ha soplado un viento fuerte, ¡más vale no meter los pies en el agua!

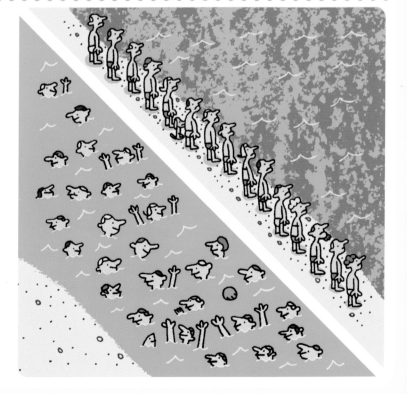

¿De dónde vienen las olas?

➡ El viento hace las olas. Las olas son movimientos de la superficie del mar que se forman cuando el viento sopla, a veces incluso muy lejos de las costas. Entre más fuerte sople el viento, en la misma dirección y por mucho tiempo, más grandes serán las olas.

¿Por qué el agua del mar es salada?

➡ Hay sal por todas partes: en el suelo, en el agua, en las rocas y en las piedras; los ríos se la llevan al océano. El mar es salado porque el agua se evapora y la sal permanece.

¡Es cierto!
No todos los mares son tan salados. El mar más salado del mundo es el mar Rojo, se encuentra entre África y Arabia. Los océanos polares son los menos salados, por el agua dulce que se derrite de los glaciares.

Los volcanes

98 ### ¿Los volcanes son peligrosos?

➠ Existen aproximadamente 40 000 volcanes en el mundo, muchos de ellos están bajo el mar y la mayoría están extintos, es decir, que ya no pueden hacer erupción. Cada año hacen erupción aproximadamente 50 volcanes, pero no todas sus erupciones son peligrosas para las poblaciones.

99

¿Se puede prever una erupción?

➠ Aunque es imposible saber el día y la hora de la erupción de cada volcán, los vulcanólogos vigilan constantemente los volcanes peligrosos: si la tierra tiembla cerca del volcán, o si su aspecto cambia, puede estarse preparando una erupción.

100 ### ¿Por qué los volcanes en erupción escupen fuego?

➠ Cuando un volcán hace erupción, toneladas de cenizas y piedras ardientes son lanzadas fuera del cráter con vapor hirviente. Impulsada por el viento, la nube que se forma acaba por caer sobre la tierra, puede asfixiar a la gente y cubrirlo todo con una espesa capa de polvo.

¿Qué es la lava?

➡️ La lava es roca diez veces más caliente que el agua hirviendo. Es tan caliente que se vuelve viscosa o incluso líquida. La lava se desliza más o menos rápido y, al contacto con el aire, se enfría y se endurece.

¿Dónde estaba la lava antes de salir del cráter?

➡️ En las profundidades de la Tierra, a muchos kilómetros bajo nuestros pies, se encuentra el magma, formado por roca fundida y gas. En algunos lugares el magma sube y causa una erupción. La lava es magma que brota del volcán.

¡Es cierto!
Numerosos volcanes nacen en el mar. Al crecer, algunos terminan emergiendo para formar una isla. Es el caso de un volcán de Hawai que está a 4 206 m sobre el nivel del mar, pero su base ¡se encuentra 5 000 m bajo el agua!

ALREDEDOR DEL MUNDO

Los desiertos

¿Es verdad que hay desiertos fríos?

103 ➡ Se llama desierto a los lugares de la Tierra donde no llueve casi nunca. Algunos están cubiertos de arena, otros de piedras, de sal e incluso de hielo, como la Antártida, donde no hace calor, sino un frío polar.

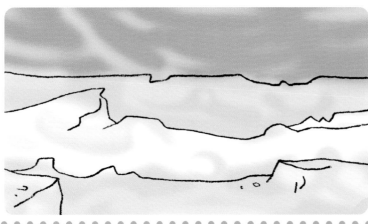

¿Por qué no llueve en los desiertos?

104 ➡ Porque casi no hay humedad en el aire y las nubes no se pueden formar. ¡En algunos desiertos no llueve durante años! Como no hay nubes que filtren los rayos del sol, hace mucho calor en el día. Por la noche, el calor se escapa hacia el cielo y hace mucho frío.

¿De dónde viene la arena del desierto?

➡ Hace muchos años, en lugar de arena había

piedras; la diferencia de temperatura entre el calor del día y el frío de la noche hizo estallar esas piedras en mil pedazos. Al frotarse unos con otros por efecto del viento, terminaron convirtiéndose en minúsculos granos de arena.

¿Por qué no crece nada en el desierto?

➦ Hay plantas que crecen en el desierto en cuanto hay un poco de humedad en el suelo, pero son muy escasas: cactus, palmeras y plantas extrañas... La mayor parte del tiempo, la falta de agua impide que las plantas crezcan, pero si alguna vez llueve, miles de flores aparecen de un solo golpe.

¿Qué hacer para no perderse en el desierto?

➦ En los desiertos de arena casi no hay caminos, ni paneles de señalización ¡y todas las dunas se parecen! Para no perderse, lo mejor es ir con un guía que sepa orientarse con el sol y las estrellas ¡y no olvidar la brújula!

¡Es cierto!

El Sahara en África es el mayor desierto del mundo. Es tan grande como los Estados Unidos y no ha dejado de crecer. ¡Es algo preocupante, porque cada año gana más terreno al invadir las regiones vecinas!

ALREDEDOR DEL MUNDO

En la jungla

108 ¿A qué llamamos *la jungla*?

➤ Son las selvas tropicales situadas cerca del ecuador, una parte del mundo donde llueve mucho y siempre hace mucho calor. Gracias a la humedad y al calor, los árboles y las plantas crecen tanto y tan apretados, que algunas selvas son casi impenetrables.

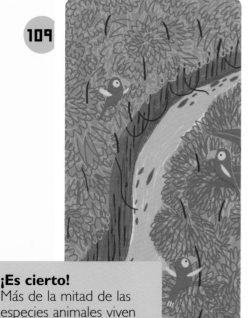

109

¡Es cierto!
Más de la mitad de las especies animales viven en los bosques tropicales. Muchos de ellos son insectos que sólo existen ahí.

¿Cómo son los árboles de la jungla?

➤ Son árboles gigantes. ¡A veces pueden ser tan altos como un edificio de 17 pisos! Y su follaje es tan abundante que no deja pasar la luz del sol. Arriba, en las copas de los árboles, vive la mayor parte de los animales.

¿Por qué hay lianas que cuelgan de los árboles?

➤ Las lianas son plantas trepadoras que se enrollan alrededor de los troncos para subir hacia la luz.

En algunos lugares, dejan caer al suelo sus largos y flexibles tallos, para gran alegría de los monos.

En la sabana

¿Cómo es la sabana?

➤➤ La sabana es una vasta extensión de hierba que se prolonga hasta perderse de vista en gran parte de África. Los raros árboles que crecen allí son los *baobabs*, gruesos como toneles, y acacias espinosas que escalan los babuinos.

¿Por qué los *baobabs* tienen esa forma tan curiosa?

➤➤ A esos árboles se les ha llamado *árboles botella*. Para poder sobrevivir a una larga temporada sin lluvia, su tronco funciona como una esponja: en cuanto llueve engorda y engorda almacenando reservas de agua para la estación seca.

¿Por qué hay tan pocos árboles en la sabana?

➤➤ Porque no llueve lo suficiente. En esa parte del mundo sólo hay dos estaciones: una larga estación seca, sin una gota de lluvia y hierbas amarillas bajo el sol ardiente, y una corta estación de lluvias en que la hierba reverdece muy pronto...

¡Es cierto!
La sabana es una palabra reservada a África, pero en otras partes del mundo existen grandes extensiones de hierba muy parecidas; la pampa en América del Sur, la estepa en Asia y la gran pradera en América del Norte.

Las regiones polares

114

¿Por qué hace frío cerca de los polos?

➡ En el Polo Norte y en el Polo Sur, los rayos del sol son muy escasos y su calor no es suficiente para calentar la atmósfera. En invierno la noche dura seis meses, cae mucha nieve ¡y siempre sopla un viento glacial!

115

¿Qué es la banquisa?

➡ La banquisa se forma en invierno al congelarse varios kilómetros de mar de muchos metros de espesor, ¡como una inmensa pista de patinaje! En primavera, cuando el sol calienta, la banquisa se derrite y se desprenden grandes placas de hielo.

116

¿Hay hielo y nieve todo el año?

➡ ¡No siempre! Por ejemplo, en verano cerca del Polo Norte, todo el tiempo es de día y el sol no se oculta durante varias semanas: su calor puede hacer que se derritan el hielo y la nieve y el suelo se cubre de una alfombra de musgo y florecitas verdes.

¿Quién puede vivir en esas regiones tan frías?

117

➤ Los esquimales, que desde hace mucho tiempo viven cerca del Polo Norte, han sabido adaptarse a ese clima tan difícil. En cambio nadie vive en el Polo Sur, salvo algunos científicos y exploradores que lo atraviesan.

¿Por qué los icebergs son tan peligrosos para los barcos?

➤ Los icebergs son gigantescos bloques de hielo flotante que se desprenden de los glaciares y se deslizan silenciosamente a través de las corrientes marinas. Cuando el mar está cubierto de bruma, los marinos no los ven. Hoy día los radares permiten que los navíos los ubiquen.

118

¡Es cierto!
El Polo Norte es un punto en medio del océano, rodeado de islas y países.
El Polo Sur es un punto en medio de un continente, la Antártida; está rodeado por el mar ¡y cubierto por más de 4 000 m de nieve y hielo!

A la orilla del mar

119

¿Por qué hay mareas?

➡ La Luna, con ayuda del Sol, provoca las mareas atrayendo hacia ella el agua de los océanos que cubren la Tierra. Cuando están del lado de la Luna, "suben" hacia ella, es la marea alta. Cuando están del otro lado, la marea es baja.

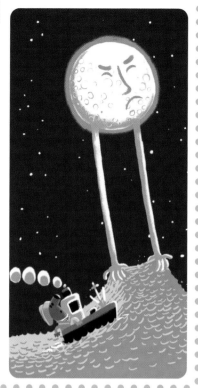

120

¿Por qué no en todos lados hay playas de arena?

➡ Una playa se forma cuando las olas y el viento transforman las rocas de la costa en arena. ¡Eso tarda millones de años! Al frotarse entre sí, las rocas que el mar arranca de la costa se convierten en pequeños granos de arena.

¿Por qué cuando baja la marea las algas que están sobre las rocas son tan resbalosas?

➡ No es sólo porque están mojadas.

Esas algas están cubiertas por una sustancia pegajosa que evita que se sequen con el Sol y mueran antes de que la marea alta las cubra de nuevo.

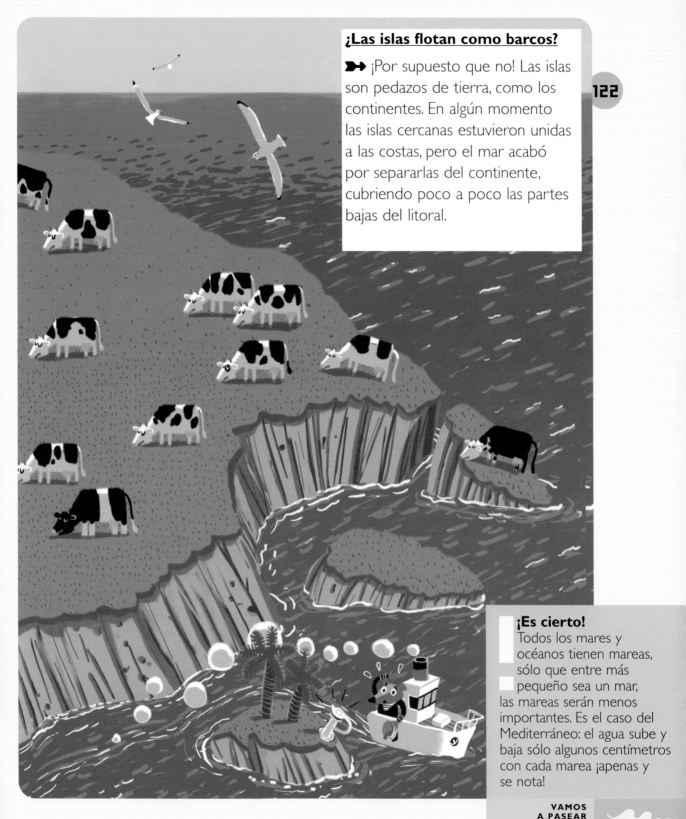

¡Las islas flotan como barcos?

➡ ¡Por supuesto que no! Las islas son pedazos de tierra, como los continentes. En algún momento las islas cercanas estuvieron unidas a las costas, pero el mar acabó por separarlas del continente, cubriendo poco a poco las partes bajas del litoral.

122

¡Es cierto!
Todos los mares y océanos tienen mareas, sólo que entre más pequeño sea un mar, las mareas serán menos importantes. Es el caso del Mediterráneo: el agua sube y baja sólo algunos centímetros con cada marea ¡apenas y se nota!

VAMOS A PASEAR

En el bosque

123

¿Los bosques crecen solos?

➤➤ Sí, pero no en cualquier parte. Es necesario que el clima sea favorable para los árboles y que no los destruyan. Los guardabosques se encargan de cuidarlos: podan y siembran árboles cuando es necesario.

124

¿Todos los bosques se parecen?

➤➤ No, son diferentes según el lugar, el clima y el suelo donde se encuentren. Están compuestos por diferentes especies de árboles; algunos pierden sus hojas en invierno y otros no. Bajo los árboles, el suelo puede estar lleno de arbustos o sólo de musgo.

¡Muy secos!

¡Muy espinosos!

¡Muy tupidos!

¡Muy pequeños!

¿Por qué las hojas de los árboles se caen en invierno?

➡ Las hojas necesitan luz para vivir. En invierno hay menos sol y por lo tanto menos luz, muchos árboles pierden sus hojas entonces y descansan. Las hojitas de los pinos, las agujas, no se caen en invierno: los pinos siempre están verdes.

¡Nos vemos en primavera!

125

¿Hay lobos en los bosques?

➡ En muchos países ya no hay lobos en los bosques. Los hombres los echaron. Pero siempre hay lobos en los bosques del Norte, donde casi no hay habitantes.

¿Bueno, abuelita?

126

¡Es cierto!
Se dice que los bosques son los *pulmones de la Tierra* porque las hojas de los árboles producen mucho oxígeno y absorben parte del aire contaminado de las ciudades.

VAMOS A PASEAR

Las cuevas y los abismos

127

¿Hay cuevas por todos lados?

➡ Puede haber una cueva escondida debajo de la tierra en cualquier parte donde el suelo sea de roca calcárea. Se trata de una roca suave que el agua de lluvia desgasta con el transcurso del tiempo. Se han descubierto muchas grutas en diversos lugares de la Tierra, pero quedan seguramente muchas otras por descubrir.

¿Siempre han existido las grutas?

➡ Empezaron a formarse desde que la primera gota de lluvia cayó sobre la Tierra.

Se necesitan miles y miles de años para que la lluvia llegue a perforar una gruta como las que podemos visitar ahora.

128

¿De dónde viene el agua que se encuentra en las grutas?

➡ ¡Es agua de lluvia! Se filtra por el suelo y cuando llega a una gruta, corre por sus paredes, esculpiendo columnas de estalactitas y estalagmitas, formando un lago o un río subterráneo.

¿Es peligroso entrar en las grutas?

➥ Cuando han sido acondicionadas para las visitas no, pero cuando se trata de grutas recién descubiertas o poco conocidas, sí. Los espeleólogos llevan un equipo que se parece al de los alpinistas y una lámpara sobre su casco, porque el camino suele ser difícil y oscuro...

130

¿Qué es un precipicio?

➥ Cuando el techo de una gruta se derrumba, la gruta se encuentra a cielo abierto y se convierte en un precipicio. Algunos precipicios son muy profundos, ¡su fondo puede estar a más de un kilómetro de la superficie!

131

¡Es cierto!
En las grutas, la naturaleza se toma su tiempo: las estalagmitas, esas columnas calcáreas que suben del suelo hacia arriba, ¡crecen solamente dos milímetros por año! ¡Cuando llegan a los 10 metros de altura significa que empezaron a crecer hace 5 000 años!

VAMOS A PASEAR

La montaña en verano

132

¿Por qué no hay árboles cerca de las cimas?

➨ Entre más nos acercamos a las cimas, más frío hace y la vegetación es más escasa. Los árboles y las plantas no crecen en las alturas, sólo hay algunos manojos de musgo pegados a las rocas.

133

¿Por qué en algunas cimas la nieve no se derrite jamás?

➨ Mientras más alto se sube, más frío se siente. Si hace más frío, cae más nieve y se derrite más lentamente, ¡incluso en verano! Por eso las montañas más altas siempre están nevadas. Se dice que son *nieves eternas*.

134

¿De dónde viene el agua de los lagos que están en las montañas?

➨ El hielo y la nieve derretida provienen de los campos de nieve y de los glaciares de alrededor. Cuando esa agua permanece en un hueco de la montaña durante miles de años, se forma un lago. Es necesario también que el fondo del lago sea de roca impermeable para que no deje pasar el agua.

Si tenemos sed en las montañas, ¿podemos beber agua de los ríos?

➡ ¡Más vale no beberla, salvo que se tome directamente de su manantial! El agua de los ríos y de los torrentes puede estar llena de la suciedad de las vacas o de las ovejas de los pastizales cercanos. Además, es tan fría que puede hacer daño al estómago...

¿Cómo hacen las flores para crecer en las rocas?

➡ En la montaña muchas flores crecen en las rocas, pero no son como las demás. Tienen largas raíces para sostenerse bien en la poca tierra que hay entre las rocas, y colores brillantes para atraer a los insectos que van a fecundarlas durante su corta floración.

¡Es cierto!
Las dos laderas de una misma montaña son diferentes. La que se encuentra al norte es la más sombría y permanece más tiempo cubierta de nieve: se llama *umbría*. En la ladera sur, la nieve se funde más pronto porque está expuesta al sol, es la *solana*.

VAMOS A PASEAR

La montaña en invierno

137

¿Por qué hay glaciares en algunos lugares?

➤➤ En la cumbre de algunas montañas, la nieve se acumula en una capa tan espesa, que termina por endurecerse y transformarse en un glaciar que se extiende lentamente en el sentido de la pendiente.

138

¿Se pueden prever las avalanchas?

➤➤ En general, se sabe más o menos dónde y cuándo se pueden producir. En invierno se vigila sin descanso los lugares riesgosos, pero a veces las avalanchas son imprevisibles, todo depende de la calidad de la nieve, de la pendiente y del clima.

139

¿Por qué los chalés tienen techos tan grandes?

➤➤ Esos inmensos techos que rebasan las casas sirven para retener la nieve. La capa de nieve acumulada sobre el techo, compuesta de copos y de mucho aire, protege del frío a la gente que vive en el chalé. ¡Es como un inmenso edredón!

¿Cómo están hechas las pistas de esquí?

➼ Durante el verano, los encargados de las pistas colocan señales en lugares sin rocas y con una buena pendiente. Generalmente cortan los árboles y rectifican el terreno con un *bulldozer*. Luego esperan que caiga la nieve.

¿Por qué hay tantos pinos en las montañas?

➼ Las coníferas, es decir los pinos, los alerces y los abetos están bien adaptados a la altitud. Gracias a su forma puntiaguda, la nieve se desliza entre sus ramas. Soportan el frío y conservan sus agujas en invierno (¡salvo los alerces!).

¡Es cierto!
Bajo las cumbres cubiertas de nieves eternas ¡pueden ocultarse cráteres de volcanes! Como el Fuji-Yama en Japón, el Kilimanjaro en África, y también en las altas planicies de una gran isla del norte de Europa llamada Islandia.

VAMOS A PASEAR

Pequeña botánica

¿Los árboles son plantas?

142 ➡➡ ¡Por supuesto! Son plantas muy grandes, con hojas o agujas, pero también tienen flores, frutos y semillas. Mientras más crecen, más se eleva y se ensancha su tronco, y más se alargan y se hunden sus raíces.

70

¿Por qué se dice de algunas plantas que son *mala hierba*?

➡ Son plantas silvestres que crecen donde no deben. No son útiles al hombre y no suelen ser bonitas. Los jardineros se cansan de arrancarlas porque afean el jardín y le roban agua a las otras plantas pero, ¡siempre retoñan!

143

¿Por qué las plantas son verdes?

➡ La mayoría de las plantas tiene hojas verdes. Esas hojas tienen una sustancia verde llamada *clorofila* que les sirve para utilizar la luz que necesitan para vivir.

144

¿Todas las plantas tienen flores?

➡ Las algas, el musgo, los helechos y las coníferas no tienen flores, pero la mayoría de las plantas sí tienen. El polen de las flores es transportado por el viento o por un insecto y al tocar el centro de otra flor podrá formar una semilla.

¡Es cierto!
Las plantas crecen donde quiera que haya aire, agua y luz, aunque sea en pequeña cantidad. Pero una planta no puede crecer en una gruta oscura ni en un desierto, donde no hay ni la menor gota de humedad en el suelo o en el aire.

145

LAS PLANTAS

Las flores

146

¿Por qué las flores huelen bien?

➤➤ No todas las flores tienen olor. Cuando lo tienen, es para atraer a los insectos. Por otra parte, ¡no todas tienen un olor agradable! El *aro pasado* es una flor que huele a carne podrida, ¡qué asco! pero a las moscas les encanta.

147

¿Por qué debemos poner agua en los floreros?

➤➤ Porque las flores, como todas las plantas, necesitan agua para vivir. Aunque estén cortadas o sembradas en un jardín, utilizan su tallo como una pajilla para aspirar el agua con la que se nutren.

¡Hay flores peligrosas?

➤ Sí, la *digital*, por ejemplo, que tiene flores en forma de campanitas: Puede parecer divertido meter el dedo adentro, pero no hay que hacerlo porque contienen veneno y si después nos metemos el dedo en la boca, tendremos un horrible dolor de estómago.

148

¿Por qué se marchitan las flores?

➤ Las flores viven y mueren. Abren durante un tiempo y luego se encogen y pierden sus colores, los pétalos caen y aparecen las semillas. En un florero, las flores se marchitan en pocos días.

149

¡Es cierto!
Los girasoles son plantas muy listas: para que las semillas contenidas en sus flores maduren más rápido, siempre se vuelven hacia el sol, ¡cualquiera que sea su posición en el cielo!

LAS PLANTAS

Las verduras y los cereales

150

¿Por qué no todas las verduras son verdes?

➻ Porque son plantas o partes de plantas muy diferentes. Por ejemplo, las espinacas y las lechugas son las hojas de la planta; las zanahorias y los rábanos son raíces; los espárragos, el poro y el apio son tallos.

151

¿Los cereales son plantas?

➻ Sí, son especies de hierbas, cultivadas para la alimentación de los seres humanos o de los animales. Las más conocidas son: el trigo, el maíz, el arroz –que crece en el agua de los arrozales, en Asia–, y el sorgo, que se produce sobre todo en África.

¿En qué se parecen las papas a las manzanas?

➡ En nada. Aunque no tienen nada en común, en francés papa se dice *pomme de terre*, es decir, manzana de tierra. Las manzanas son frutos del manzano, y las papas son legumbres que crecen en la tierra, sobre las raíces de la planta.

152

¿De dónde vienen las verduras?

➡ Actualmente, muchas verduras se cultivan en invernaderos. En ellos hace calor y están al abrigo de los cambios de clima. Aunque así las verduras ya no reconocen las estaciones, eso nos permite comerlas todo el año.

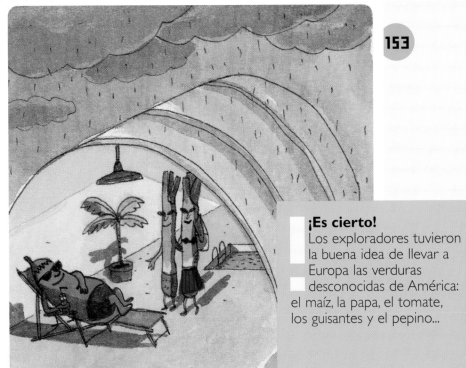

153

¡Es cierto!
Los exploradores tuvieron la buena idea de llevar a Europa las verduras desconocidas de América: el maíz, la papa, el tomate, los guisantes y el pepino...

Los hongos

154

¿Por qué los champiñones no tienen hojas?

➡ Porque no son plantas. Pertenecen a otra categoría: los hongos, que no tienen tallo, ni hojas, ni flores. No tienen clorofila y, a falta de raíces, extraen el alimento del suelo por medio de largos filamentos.

¿Cómo se puede reconocer a un hongo venenoso?

➡ Sólo la gente que los conoce bien puede distinguir los buenos de los malos.

Para estar seguro de no envenenarse, más vale no tocarlos ni cortarlos. En caso de duda hay que preguntarle a un especialista o a un farmacéutico.

155

¿Podemos morir si comemos un hongo extraño?

➡ Sería raro, porque existen muy pocos hongos mortales, pero puede ocurrir. La mayoría de los hongos venenosos dan un terrible dolor de estómago y si se comen en grandes cantidades, uno puede ponerse muy enfermo.

¿Existen los hongos rojos con puntos blancos?

➼ Esos hongos que tanto les gusta dibujar a los niños, son venenosos ¡no son comestibles en absoluto!
Se llaman *amanitas matamoscas* y es cierto que pueden matar a las moscas, pero no a los humanos, afortunadamente.

Los champiñones de París, ¿en verdad brotan en París?

➼ Antiguamente sí. Ahora se cultivan en cavas frescas y húmedas de una región llamada Anjou, en Francia. ¡Ya no conocen el olor de los bosques ni la luz del día!

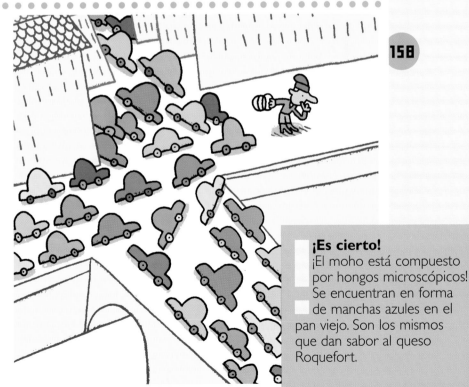

¡Es cierto!
¡El moho está compuesto por hongos microscópicos! Se encuentran en forma de manchas azules en el pan viejo. Son los mismos que dan sabor al queso Roquefort.

LAS PLANTAS

Plantas extraordinarias

159

¿Por qué los cactus tienen espinas?

➤➤ Los cactus pueden crecer en países cálidos, donde casi no llueve. Esto es posible gracias a sus espinas, que son de hecho pequeñas hojas replegadas que permiten que el agua se evapore menos que en las hojas desplegadas.

160

¿Es cierto que existen flores gigantes?

➤➤ La flor más grande del mundo es la *rafflesia*. Es una flor muy extraña que mide más de un metro de diámetro, pesa diez kilos y huele muy mal. Crece como un hongo, sobre el tronco de algunos árboles en los bosques de Asia.

161

¿Las plantas carnívoras pueden comerse a la gente?

➤➤ No, en general sólo comen insectos. Los atraen con su perfume azucarado y luego se cierran para digerirlos. ¡Las más grandes se pueden comer a los pajaritos, a las ranas e incluso a las ratas!

¿Cómo hacen los nenúfares para flotar en el agua?

➡ Sus hojas flotan en el agua porque contienen burbujas de aire.

Los nenúfares también tienen tallos que permanecen bajo el agua y sus raíces se hunden en el limo.

¿Es verdad que algunas flores tienen vellos?

➡ Sí, es el caso de la *edelweiss*, una pequeña flor blanca que crece en la cima de las montañas. Sus pétalos están cubiertos de una especie de vello ¡que las protege del frío!

¡Es cierto!
Los bambúes son las plantas que crecen más rápido en todo el mundo. En pocos meses pueden tener el tamaño de un gran árbol. El que bate todos los récords de crecimiento es el bambú gigante de Asia, ¡crece 50 cm por día!

LAS PLANTAS

¿Por qué
los delfines
saltan fuera
del agua?

¿Por qué se dice
que el zorro
es astuto?

¿Por qué
canta el gallo
por la mañana?

¿Por qué
debemos
ahuyentar
a las moscas?

¿Por qué
a la mantis
se le llama
religiosa?

¿Por qué
se dice que
el león es *el rey
de los animales*?

¿Por qué
los gatos
se erizan?

Los animales

Preguntas 164 a 273

Los perros

164

¿Cómo se dan a entender los perros?

➡ Según las circunstancias, ladran, gruñen o gimen. Aunque también se comunican con su cuerpo: Un perro que mueve la cola es un perro feliz; si tiene la cola gacha es porque hizo una tontería, ¡y quiere que lo perdonen!

166

¿Por qué a los perros les gusta roer los huesos?

➡ A los perros les encanta roer los enormes huesos de toro o becerro. Al mordisquearlos, se limpian los dientes y absorben calcio, que es indispensable para su salud.

165

 ### ¿Por qué no debemos acariciar a un perro que no conocemos?

➡ Por lo general a los perros les gusta que los acariciemos, pero algunos han sido entrenados para ser agresivos y pueden mordernos; lo mismo sucede cuando un perro se asusta con algún movimiento de las personas que no conoce.

¡Es cierto!
El dingo es un perro salvaje que vive en Australia.
Su pelaje es semejante al del zorro y aunque no ladra, aúlla como los lobos.
El dingo ataca a los rebaños de ovejas y a los canguros.

¿Por qué los gatos ronronean?

➤ Desde el cachorrito hasta el más viejo, todos los gatos ronronean cuando se sienten bien y cuando los acariciamos. Es un signo de placer. Al vibrar, sus cuerdas vocales, situadas en el fondo de la garganta, emiten ese sonido característico.

Los gatos

¿Es cierto que los gatos ven en la oscuridad?

➤ Los gatos ven mucho mejor que nosotros en la oscuridad. Su pupila puede dilatarse mucho para captar hasta el mínimo rastro de luz. Sin embargo, cuando la oscuridad es total les pasa como a nosotros, ¡no ven nada en absoluto!

¿Por qué los gatos se erizan?

➤ Cuando no están contentos, los gatos bufan, enseñan los dientes y se les ponen *los pelos de punta*, con lo que adquieren un aspecto muy impresionante. Es su manera de intimidar a los adversarios.

¡Es cierto!
El gato es un felino, ¡es un primo pequeño del tigre y de la pantera! Y, como todos los felinos, con excepción del guepardo, los gatos pueden meter y sacar las garras a voluntad.

Animalitos del jardín

170

¿Por qué los caracoles suelen meterse en su caparazón?

➥ El caparazón les sirve de refugio y se meten en él cuando están en peligro o si hace mucho frío o demasiado calor. Para sentirse más seguros, sobre todo en invierno, cuando hibernan, tapan la entrada con su baba que se vuelve sólida y seca.

171

¿Los puntos que tienen las mariquitas indican su edad?

➥ ¡Para nada! Las mariquitas son pequeños insectos que no viven más de un año. Sin embargo, la mariquita más conocida tiene siete puntos negros sobre su lomo...

172

¿Por qué hay tantas palomas en las grandes ciudades?

➥ Si las palomas proliferan en las ciudades, es porque está prohibido cazarlas. También porque encuentran todo lo necesario para alimentarse y suficientes huecos en los muros para hacer sus nidos.

¿De dónde viene el hilo de las telarañas?

173

➡ Las arañas tejen su tela con un hilo de seda muy fino, resistente y pegajoso que producen en su abdomen.

¿Por qué se dice *ciego como un topo?*

➡ El topo, que pasa su vida haciendo túneles subterráneos con sus gruesas patas, tiene ojos tan pequeños que está casi ciego. Entonces utiliza su olfato y su bigote para orientarse y encontrar a las lombrices de tierra con las que se alimenta.

174

¡Es cierto!
Los bebés erizos nacen calvos. Sus púas empiezan a crecer al cabo de algunas horas. Los erizos adultos tienen más de 7 000 púas, ¡hacerse bola es una buena estrategia para desanimar a sus agresores!

ANIMALES DEL JARDÍN

Las abejas

176 ¿Cuál es la diferencia entre una abeja y una avispa?

➤➤ Las abejas toman la miel de las flores y mueren al perder su aguijón cuando pican. Las avispas tienen el vientre amarillo y negro, pero no hacen miel, les gusta comer en nuestro plato ¡y pueden picarnos varias veces!

175 ¿Por qué las abejas producen miel?

➤➤ Con la miel alimentan a las otras abejas y a sus larvas que viven en el panal. Los panales son maravillosas fábricas de miel y los apicultores sólo tienen que tomarla, ¡pero cuidándose de las picaduras!

177 ¿Cuántas abejas hay en un panal?

➤➤ En un panal hay una sola reina rodeada por 2 500 zánganos y 50 000 abejas obreras. Las abejas obreras que hacen la miel ¡sólo viven 38 días!

¡Es cierto!
La reina de las abejas es mucho más grande que las abejas obreras. Pasa toda su vida encerrada en el panal y, mientras la cuidan las obreras, pone cientos de huevos por día ¡excepto en invierno!

Las hormigas

¿Cómo encuentran su alimento las hormigas?

➤ Las hormigas no ven bien, pero se orientan por medio de su olfato y de sus antenas. El olor también las ayuda a reconocer a las hormigas que forman parte del mismo hormiguero.

¿Qué hacen las hormigas en el hormiguero?

➤ El hormiguero alberga a una o a varias reinas encargadas de poner huevos. Miles de hormigas obreras protegen la colonia, almacenan su alimento, limpian las cámaras donde se encuentran los huevos y alimentan a las larvas...

¿Por qué se desplazan en fila india?

➤ ¡Para no perderse! Las hormigas depositan a su paso una sustancia olorosa que reconocen todas las hormigas de un mismo hormiguero. ¡Les basta con seguir ese camino oloroso para encontrar su casa!

¡Es cierto!
Existen más de 12 000 especies de hormigas; las hay por toda la Tierra. Algunas son rojas, otras negras, otras más tienen alas ¡y las gigantes miden varios centímetros!

Insectos que vuelan

181

¿Es cierto que los mosquitos hembra son los que pican?

➤ Como en el caso de las avispas o de los tábanos, sólo los mosquitos hembra pican. Al picar sacan un poco de sangre, un alimento muy energético que les permite poner huevos.

¡Upa!

¿Por qué no se ven las alas de los abejorros?

182 ➤ Las alas de los abejorros están escondidas debajo del caparazón que los protege, un poco a la manera de un escudo. Cuando los abejorros quieren volar, esa cubierta se abre por la mitad y las alas se despliegan.

¿Por qué las mariposas tienen dibujos en las alas?

➤ Unas escamas microscópicas y generalmente muy coloridas, forman los dibujos de las alas de las mariposas y les permiten reconocerse entre especies para reproducirse.

¡Bu!

También les pueden servir para asustar a sus enemigos o para ocultarse.

¡cucu!

¿Por qué debemos ahuyentar a las moscas?

➡ Las moscas tienen la costumbre de posarse en cosas asquerosas que son nidos de microbios, como la basura o los excrementos...

Al posarse después sobre nosotros o sobre nuestros alimentos, pueden transportar suciedad y trasmitirnos enfermedades.

¿Por qué cantan las cigarras?

➡ Sólo los machos de las cigarras cantan. Cantan en verano para atraer a las hembras, apretando y relajando la piel de su vientre.

¿Dónde podemos encontrar a las libélulas?

➡ Las libélulas viven cerca de los pantanos y de los estanques porque ponen sus huevos en el agua. Allí crecen sus larvas después de la eclosión de sus huevos; en cuanto crecen sus alas, salen del agua y se van volando.

¡Es cierto!
Como los dos tienen largas antenas, el saltamontes y el grillo se parecen. Sólo mirando sus patas se pueden diferenciar, las del saltamontes son muy delgadas. La langosta, por su parte, es más fácil de reconocer, porque tiene antenas muy pequeñas.

ANIMALES DEL JARDÍN

Insectos que caminan

187

¿Los ciempiés de veras tienen cien pies?

➡ El ciempiés que más patas tiene sí llega a las cien, aunque por lo general tienen menos. Aun así, ¡son los animales que más patas tienen!

¿Cómo se llaman los insectos que parecen ramas?

➡ Se llaman fasmas, son insectos muy extraños. Para camuflarse son capaces de imitar perfectamente a una ramita como en las que se posan. Pueden permanecer ahí por horas moviéndose muy poco, para que no los vean los pájaros.

188

189

¿Por qué a las mantis se les llama religiosas?

➡ Por la posición de sus patas delanteras: cuando están replegadas, se diría que están rezando. ¡Pero no es así! Están listas para extenderlas con rapidez y atrapar alguna presa...

¿Por qué hay arañas en los estanques?

⇒ No son arañas sino chinches de agua; esperan a que un insecto caiga al agua para devorarlo y gracias a los minúsculos pelos que tienen bajo sus largas patas pueden deslizarse en la superficie del agua sin hundirse.

¿Por qué las cucarachas son tan desagradables?

⇒ Cuando las cucarachas se instalan en una casa, se meten por todas partes, buscan comida hasta en el mínimo rincón, ensucian todo lo que tocan y se reproducen a toda velocidad. Son invasoras de las que hay que deshacerse pronto.

¡Es cierto!
Vuelen o no, los insectos siempre tienen seis patas. Por eso las arañas, que tienen ocho, ¡no son insectos! Forman parte de otra categoría: los arácnidos.

ANIMALES DEL JARDÍN

ANIMALES
DEL JARDÍN

 194

Animalitos que viven en el agua

192

¿Las ranas respiran bajo el agua?

➤ Sí, aunque tienen pulmones para respirar en la superficie, las ranas respiran también bajo el agua a través de su piel, que absorbe el aire disuelto en el agua.
Los renacuajos, que son los bebés ranas, tienen branquias como los peces y sólo pueden respirar dentro del agua.

¿Cuántos renacuajos tienen las ranas?

➤ Las ranas ponen miles de huevos en el agua, pero aproximadamente uno de cada mil se convertirá en una rana.

193

¿Por qué los sapos cantan tan fuerte?

➤ En primavera y en verano se les oye croar por la noche cerca de los pantanos y los estanques. Son los machos, que tratan de atraer a las hembras, inflando y desinflando ruidosamente la piel del cuello, como si fuera un balón.

Hay que mencionar que los huevos y los renacuajos son un manjar para los peces.

¿La rana es la hembra del sapo?

195

➻ No, son dos animales diferentes. Las ranas generalmente tienen la piel lisa, mientras que los sapos tienen la piel rugosa y cubierta de verrugas.

¿Por qué hay tantos mosquitos cerca de los estanques?

196

➻ Porque los mosquitos hembra ponen sus huevos en las aguas tranquilas, como las de los estanques. Una vez que han crecido las larvas, los jóvenes mosquitos salen del agua por docenas y se van volando.

¡Es cierto!
Los cangrejos son pequeños crustáceos que viven en los ríos.

En las praderas

197

¿Los caballos duermen de pie o acostados?

➥ Generalmente los caballos duermen de pie, sobre todo en las caballerizas. En los campos, si hay suficiente lugar para recostarse y el suelo parece confortable, los caballos no dudan en acostarse para descansar. Salvo si se trata de un caballo de labor que no pueda levantarse.

198

¿Quieres un chicle?

¡Claro!

¿Por qué las vacas siempre están masticando?

➥ Cuando pastan, las vacas tragan la hierba rápidamente. Después hacen que vuelva a su boca para masticarla bien y digerirla; se dice que rumian.

199

¿Cuál es la diferencia entre un toro y un buey?

➥ Los toros se crían para la reproducción, su misión es tener becerritos con las vacas. Los bueyes no pueden tener hijos. Se crían para el trabajo del campo y para obtener su carne.

¡Adios tío!

¿Todas las ovejas se trasquilan?

200

➡ No, no todas. Los corderos se crían por su carne y por su lana, mientras que las ovejas se crían para obtener su leche. Se trasquila a los corderos una vez al año durante el verano.

¿Es cierto que el color rojo irrita a los toros?

201

➡ Los toros son animales muy nerviosos pero, como muchos animales, no reconocen los colores. En cambio, los movimientos bruscos que se hacen frente a ellos pueden hacerlos enojar.

¡Es cierto!
El anillo que tienen los toros en la nariz sirve para atarles una cuerda y hacerlos avanzar. Si no quiere sufrir, ¡el toro tiene que obedecer!

ANIMALES DEL CAMPO

En la granja

202

¿A los caballos les duele cuando les ponen las herraduras?

➤ Los cascos de los caballos son de una materia que se parece a nuestras uñas. Así que al caballo le duele tanto que le pongan las herraduras como a nosotros cortarnos las uñas.

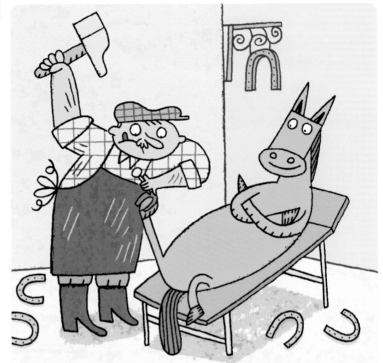

203

¿Por qué el gallo canta tan temprano por la mañana?

➤ ¡Quiquiriquí! Desde que sale el sol el gallo empieza a cantar para que los demás sepan que está allí ¡y que es el jefe del gallinero!

¿Por qué los cerdos siempre están sucios?

➤ Los cerdos tienen necesidad de revolcarse en el lodo para eliminar a los insectos que los molestan: ¡es una forma de arreglarse! En algunos lugares no hay lodo y los cerdos se acuestan en su suciedad porque no tienen otro lugar.

¿Cuántos litros de leche da una vaca cuando la ordeñan?

➤ Las vacas son ordeñadas por la mañana y por la noche, todos los días del año.

Para las vacas ¡no hay domingos ni días festivos!
Una vaca lechera da aproximadamente 18 litros de leche cada vez que la ordeñan.

¡Es cierto!
Las becerras son vacas jóvenes que todavía no han tenido terneros, así que aún no producen leche. Sólo las vacas que han tenido un becerro pueden dar leche.

ANIMALES DEL CAMPO

Allá arriba en la montaña

¿Qué hacen los rebaños cuando ya no hay hierba para pastar?

206

➤➤ Antes de las primeras nieves, los pastores llevan a las vacas y las ovejas a los establos del valle. Se les da heno, es decir, hierba seca. Al final de la primavera se las llevan otra vez a los pastizales.

208

¿Hay pájaros en las cimas de las montañas?

➤➤ Cerca de los restaurantes de altura, en las estaciones de deportes de invierno, se suelen ver enormes pájaros negros que se parecen a los cuervos. Son las cornejas, que anidan en las rocas y se alimentan de desechos.

207

¿Qué hacen las marmotas en invierno?

➤➤ En verano retozan en grupo cerca de la entrada de sus madrigueras y pasan sus días en el sol, comiendo hierba tierna. En invierno ya no se encuentran fácilmente porque hibernan: se instalan juntas en el fondo de su madriguera, la cierran y duermen acurrucadas durante seis meses.

¿Hasta dónde pueden volar las águilas?

➤ El águila real hace su nido a más de 2 000 m de altitud, planea sin esfuerzo sobre las cumbres, acechando a sus presas con su mirada penetrante. La leyenda cuenta que el águila real vuela tan cerca del sol, ¡que no tiene miedo a mirarlo de frente!

¿Qué animales son capaces de escalar las montañas?

➤ Las gamuzas y las cabras son verdaderos alpinistas. Pueden trepar sobre las rocas en pendiente, mantenerse en equilibrio sobre las puntas rocosas y caminar a toda velocidad por pendientes escabrosas sin resbalarse. ¡A ver quién llega primero! Los yacks del Himalaya y los musmones de América son también buenos montañeses.

¡Es cierto!

Los cascos de las gamuzas tienen una pequeña membrana elástica que los transforma en miniraquetas muy prácticas para escalar las pendientes nevadas ¡sin derrapar!

ANIMALES DEL CAMPO

En el bosque

211

¿Por qué se dice que el zorro es tramposo?

➽ El zorro sabe ser taimado, ¡sobre todo si tiene hambre! Se hace el muerto y no se mueve hasta que se le acerca algún pájaro y entonces se lo come. Además, para no trabajar, se apropia de las madrigueras de otros animales.

212

¿Es cierto que se puede conocer la edad de un ciervo por su cornamenta?

➽ Los ciervos tienen cuernos llamados *astas* que les crecen durante toda la vida. Cada año se les caen y unos meses más tarde les salen otras más grandes. Entre más viejo es un ciervo más "ramas" tienen sus cuernos.

213

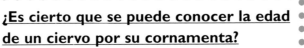

¿Cómo pueden trepar tan alto las ardillas?

➽ Las ardillas son muy ágiles: cuando tienen miedo, ¡llegan en pocos segundos a la punta de los árboles!

Sus garras puntiagudas les permiten trepar en línea recta sobre el tronco y su tupida cola les sirve de paracaídas para saltar de rama en rama.

¿Los jabalís atacan a los hombres?

➤ Casi nunca, salvo que un cazador se encuentre justo en el paso de un viejo macho solitario, o que una mamá jabalí crea que quieren lastimar a sus pequeños jabatos.

¿Cómo pueden las lechuzas volar en la oscuridad?

➤ Gracias a sus grandes ojos redondos, las lechuzas ven muy bien en la oscuridad. Además tienen el oído fino: distinguen hasta el mínimo ruido y saben qué lo produjo y cómo reaccionar.

¡Es cierto!
Con su hermoso color tornasolado y las largas plumas de su cola, los faisanes machos son más bellos que las hembras. ¡Pasa lo mismo con muchas otras aves!

ANIMALES DEL CAMPO

En la sabana

¿Todas las cebras tienen las mismas rayas?

216

➤➤ No, cada animal tiene sus propias rayas y son muy diferentes de una cebra a otra, lo que las ayuda a reconocerse entre sí. Lo mismo sucede con todas las especies de cebras: sus rayas pueden ser delgadas o gruesas, muy oscuras o muy claras...

¿Los elefantes tienen la piel arrugada porque son viejos?

217

➤➤ ¡Claro que no! Ya sea que tengan uno o sesenta años, todos los elefantes tienen la piel gruesa y arrugada. También está prácticamente desprovista de pelos, lo que es raro en un mamífero.

¿Es cierto que la jirafa es el animal más alto del mundo?

➤➤ Sí. Debido a su largo cuello, la jirafa es tan alta como un edificio de dos pisos.

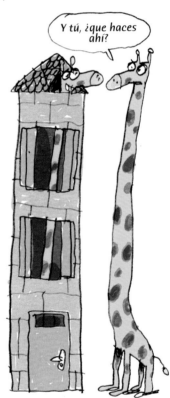

Y tú, ¿que haces ahí?

Eso les resulta muy práctico para ver de lejos y para saborear las hojas que están en lo más alto de las acacias... y que otros animales no pueden alcanzar.

¿Por qué los hipopótamos bostezan constantemente?

➼ ¡No bostezan! Un hipopótamo que abre muy grande el hocico emitiendo gruñidos, trata de demostrar a los otros machos del grupo que él es más fuerte.

219

¿Los rinocerontes son peligrosos?

➼ Los rinocerontes ven muy mal porque sus ojos son muy pequeños y están situados a los lados de su cabeza. En cuanto sienten algo raro, se inquietan y atacan con la cabeza baja, aun si no están siendo amenazados realmente.

¡A la carga!

220

¡Es cierto!
Los bebés elefantes pesan más de 100 kg al nacer y no tienen colmillos.
Empiezan a salirles a los dos años y les crecen durante toda la vida, tanto a los machos, como a las hembras.

ANIMALES SALVAJES

Los felinos

221

¿Por qué se dice que el león es *el rey de los animales?*

➤➤ El león es el carnívoro más grande de la sabana africana. El macho parece un rey, con su majestuosa melena, sus 250 kilos de músculos, sus colmillos puntiagudos como puñales ¡y sus gruñidos aterradores!

222

¿Es cierto que el león duerme todo el tiempo?

➤➤ El león descansa bajo el sol aproximadamente veinte horas al día. Digiere tranquilamente los kilos de carne que se comió o permanece somnoliento vigilando a sus cachorros mientras las leonas salen a cazar.

¿Por qué los felinos tienen pelajes tan diferentes?

➤ Porque no todos viven en el mismo lugar. El leopardo, con sus manchas, puede dormir tranquilo en un árbol, camuflado entre las sombras del follaje. El tigre, con sus rayas, puede camuflarse más fácilmente en la jungla y atacar por sorpresa. Con su pelaje color dorado, las leonas que están cazando pasan desapercibidas en las hierbas secas de la sabana.

223

¿Es verdad que el guepardo es el más rápido de todos los mamíferos?

224

➤ Sí. Un guepardo ¡puede ir tan rápido como un coche, a más de 100 km por hora! Lo malo es que se cansa pronto y si no logra alcanzar su presa al cabo de un minuto, abandona la cacería.

¡Es cierto!
El tigre de Siberia puede pesar hasta 300 kg. Es el más grande de los felinos. Desde la punta del hocico hasta el extremo de su cola ¡mide igual que un coche!

ANIMALES SALVAJES

Los simios

225

¿Por qué los monos se pasan tanto tiempo limpiándose los unos a los otros?

➡ Los monos viven en manadas. Para ellos, quitarse los piojos y las ramitas de la piel es también una forma de tener contacto físico, de sentir que son parte de la misma familia, ¡es como si se hicieran una caricia!

226

¿Por qué los monos hacen tantos gestos?

➡ ¡No hacen gestos para divertirse! Los utilizan para comunicarse entre ellos. Cuando enseñan los dientes o encogen el hocico, intentan mostrar que están inquietos o enojados o que quieren que los obedezcan los otros monos del grupo.

227

¿Todos los monos tienen cola?

➡ La mayoría de los monos que viven en los árboles tienen cola; les sirve de balancín para no caerse o de quinta mano para colgarse de las ramas. Los monos que viven en el suelo rara vez tienen cola.

¿Todos los monos viven en los árboles?

➤ No, no todos. Algunos monos, como los grandes gibones y los orangutanes de Asia, nunca bajan de los árboles. Otros, como los babuinos de África, trepan solamente en caso de peligro. Los mandriles y los gorilas casi nunca suben a los árboles.

¿Por qué los monos tienen pies en forma de manos?

➤ Porque sus pies tienen un pulgar situado sobre un lado que usan para trepar mejor en las ramas de los árboles y les permite asir las cosas tan bien como con sus manos. La mayoría de los monos no tienen garras como los otros animales: ¡tienen uñas como los humanos!

¡Es cierto!
El chimpancé es el mono que más se parece al hombre y se dice que es el más inteligente de todos los monos: utiliza más de veinte sonidos diferentes para comunicarse y sabe utilizar herramientas rudimentarias.

ANIMALES SALVAJES

Animales que dan miedo

230

¿Un cocodrilo puede comerse a un hombre?

➤ ¡Pues, sí! Si un hombre se acerca demasiado a un cocodrilo hambriento, ¡corre el riesgo de que se lo coma! El más peligroso de todos es el cocodrilo de mar: un animal de 5 m de largo que causa varias muertes cada año en Asia y en Australia.

231

¿Los lobos se comen a los niños?

➤ Sí, pero sólo en las historias que se cuentan para asustarlos. ¡Los lobos prefieren a los conejos y a las ovejas! Actualmente es posible pasear por los bosques sin peligro, no hay ninguna posibilidad de encontrarse con un lobo.

¿Las arañas son peligrosas?

➤➤ La mayoría de las arañas tienen veneno, que les sirve para paralizar a sus presas al morderlas. En realidad, son muy pocas las arañas que pueden hacerle daño al hombre: una de las más peligrosas

es la tarántula mexicana, una especie de migala con patas rojas...

¿Un escorpión puede matar a un hombre?

➤➤ Sólo los escorpiones muy grandes producen picaduras venenosas. Los escorpiones negros del desierto son los únicos que pueden matar a un hombre al picarlo con el aguijón situado en el extremo de su cola. Aunque es preferible no tener contacto con ellos.

¡Y las serpientes?

➤➤ Las culebras pueden morder, pero no son peligrosas. ¡Hay otras que son muy venenosas, como las víboras, las serpientes de cascabel o las cobras! También hay serpientes que matan a sus presas asfixiándolas, como la pitón, la anaconda y la boa.

¡Es cierto!

Todos los años las serpientes cambian de piel, se dice que mudan. Se desprenden de ella frotándose contra una roca ¡y una piel nueva aparece!

ANIMALES SALVAJES

En la banquisa

¿Los osos de la banquisa pasan frío en el agua helada?

235 ➤➤ Como están protegidos por su pelo y sobre todo por una espesa capa de grasa bajo la piel, los osos no temen nadar en el agua helada. ¡Sobre todo cuando se trata de atrapar una foca!

¿Todas las focas son iguales?

236 ➤➤ Existen unas veinte especies de focas. La mayoría vive en las regiones polares, pero no solamente allí ¡hay focas pequeñas que viven en el mar Mediterráneo! La más grande de todas es el elefante marino: ¡mide 6 metros de largo y pesa de 3 a 4 toneladas! Su nariz parece una trompa.

¿Cuál es la diferencia entre un pájaro bobo y un pingüino?

➡ Pertenecen a la misma familia de aves, se parecen mucho, pero los pájaros bobos viven cerca del Polo Sur, mientras que los pingüinos viven en el Polo Norte. Los más conocidos son los pájaros bobos, ¡incapaces de volar pero excelentes nadadores!

¿Los leones marinos son las hembras de las focas?

➡ ¡Claro que no! Las focas y los leones marinos son dos animales diferentes, aunque sean de la misma familia. Los leones marinos tienen las orejas pequeñas y se apoyan en sus aletas. Las focas no tienen orejas visibles y se arrastran por el suelo.

¡Es cierto!
Las morsas tienen dos dientes largos que les sirven a veces para pelear, otras los utilizan para levantarse sobre el hielo, como si fueran bastones de montaña, para salir del agua o buscar comida en el limo.

ANIMALES SALVAJES

¡Qué curiosos animales!

¿Los murciélagos son pájaros?

239

➤➤ No, son mamíferos; los únicos que pueden volar como pájaros. Sus alas no tienen plumas, son de piel y están unidas a la extremidad de sus dedos, que son muy largos.

¿Por qué el camaleón cambia de color?

➤➤ El color del camaleón se vuelve parecido al del lugar donde se encuentra.

¡Es una buena manera de ocultarse! Cuando está enojado, ¡se vuelve café rojizo!

¿Por qué las mamás canguro llevan a sus bebés en el vientre?

240

➤➤ Los bebés de los canguros son minúsculos cuando nacen y deben seguir creciendo durante seis meses en la bolsa que su mamá tiene en el vientre. Mientras la bolsa no sea ocupada por un nuevo bebé, el pequeño canguro podrá regresar a ella al menor signo de alerta.

¿Los dragones existen?

➡ Sólo existen en los cuentos. Sin embargo algunos grandes reptiles como las iguanas o los dragones de Comodo se les parecen. ¡Aunque no escupan fuego!

¿Cómo logra el dromedario vivir en el desierto?

➡ El dromedario puede permanecer 15 días ¡sin beber ni comer! Soporta muy bien el calor: cierra su nariz en caso de una tormenta de arena, su cuerpo es capaz de almacenar una gran cantidad de agua, su joroba contiene reservas de grasa y puede caminar por mucho tiempo en la arena sin hundirse.

¡Es cierto!
El ornitorrinco es el rey de los animales extraños. Es un mamífero pero pone huevos. Tiene pico y pies palmípedos como un pato. ¡Y su cola se parece a la de un castor!

ANIMALES SALVAJES

Los delfines

¿Por qué los delfines saltan fuera del agua?

➤ ¡Generalmente lo hacen para jugar! Los delfines son mamíferos marinos, no pueden respirar en el agua como los peces. Suben a la superficie para respirar y aprovechan a veces para dar saltos hasta de 4 m de altura.

244

¿Por qué se dice que los delfines son inteligentes?

➤ ¡Primero porque pueden aprender muchas cosas! Son también animales sociables: nadan en grupo, juegan y se comunican emitiendo diferentes sonidos. Hasta se ayudan entre sí cuando uno de ellos está enfermo o herido.

245

¿De veras se puede jugar con los delfines?

➤ Los delfines son juguetones e inofensivos: no les gusta hacer daño a los seres humanos y se pueden amaestrar fácilmente. En el mar pueden seguir un barco, jugar al escondite bajo su casco y brincar detrás de él.

¡Es cierto!
Las orcas son negras con blanco. Pertenecen a la misma familia que los delfines, pero son más grandes y voraces. Atacan a las focas, a los pájaros bobos y ¡hasta a las ballenas!

Las ballenas

¿Cuál es la ballena más grande?

➤ ¡La ballena azul es el mamífero más grande del mundo! Cuando es adulta, puede medir 30 m de largo. Sin embargo, no come más que animales minúsculos. Si no la cazan puede vivir más de 50 años.

247

¿Por qué las ballenas arrojan grandes chorros de agua?

248

➤ Las ballenas pueden sumergirse media hora bloqueando su respiración, pero necesitan regresar a la superficie para respirar. Entonces arrojan un chorro impresionante de agua mezclada con aire.

¿Es cierto que las ballenas cantan?

➤ No cantan canciones, pero emiten una variada gama de sonidos. Se cree que lo hacen para comunicarse entre sí, pero también para orientarse, identificar obstáculos en el fondo del agua y para encontrar su alimento.

249

¡Es cierto!

Las ballenas no tienen dientes, sino láminas barbas que se parecen a un peine y retienen el alimento. En cambio, los cachalotes tienen dientes y se alimentan sobre todo de calamares.

Los peces

250

¿Un pez de río puede vivir en el mar?

➥ ¡No, se moriría! Los peces son incapaces de pasar del agua dulce al agua salada, salvo las anguilas, los salmones o los esturiones, que pueden pasar de un río al mar, o al contrario, para poner sus huevos.

251

¿Todos los peces tienen aletas?

➥ Sí, pero no todas se parecen. Las de la raya parecen alas. La anguila tiene una larga sobre el lomo, para ondular como una serpiente. El pez volador despliega las suyas para volar como un pájaro ¡por encima de la superficie del agua!

252

¿Los peces oyen?

➥ Sí, ¡y eso que no tienen oídos! Captan los sonidos y las vibraciones gracias a que poseen una especie de oído interno, pero también debido a una línea sensible situada a cada lado de su cuerpo. Así, pueden alejarse de los barcos de motor o de los pescadores ruidosos...

¿Qué peces nadan más rápido?

➤ Algunos peces pueden nadar vigorosamente, como el atún o el pez espada, pero el más rápido es el pez vela, que mide 3 m de largo y tiene una aleta en forma de vela, ¡salta fuera del agua a 100 km por hora!

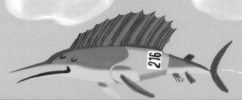

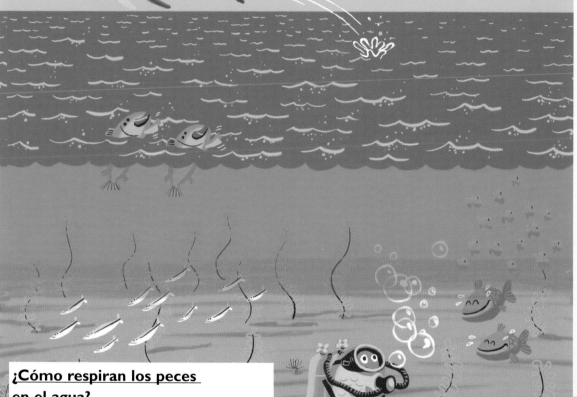

¿Cómo respiran los peces en el agua?

➤ Los peces necesitan oxígeno para vivir, afortunadamente lo encuentran en el agua. No tienen pulmones para respirar, pero tienen branquias, unas hendiduras situadas a cada lado de su cabeza que pueden filtrar el oxígeno contenido en el agua que tragan.

¡Es cierto!
La piraña es un pez muy pequeño, pero terriblemente feroz; tiene dientes muy puntiagudos y ataca siempre en grupo: en pocos minutos un banco de pirañas puede devorar a un animal entero... ¡o a un hombre!

ANIMALES MARINOS

En el fondo del mar

255

¿Es cierto que los corales son animales?

➤ Sí, aunque parezcan hermosas ramas blancas o rojas, los corales no son plantas. Son caparazones de animales muy extraños que viven en los mares cálidos. Esos animales están constituidos por tubos minúsculos, los pólipos, provistos de tentáculos con los cuales atrapan a sus presas.

¿El hipocampo es un pez?

➤ ¡Sí!, es un pez muy simpático que se desplaza y descansa siempre de pie. Otra cosa curiosa: es el macho, y no la hembra,

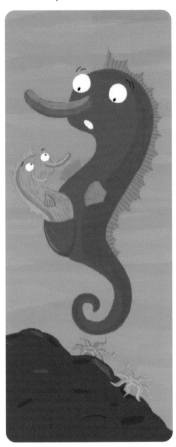

256

¿Las esponjas realmente crecen bajo el agua?

➤ Las esponjas son animales muy especiales. Permanecen toda su vida sin moverse adheridas a las rocas, en las profundidades de los mares cálidos. Para alimentarse, absorben por sus agujeros las minúsculas algas o desechos de animales que flotan en torno a ellas.

quien lleva a sus pequeños en una bolsa que tiene en el vientre.

¿Qué comen las estrellas de mar?

➤ Les encantan los camarones y las almejas. Cuando una estrella de mar encuentra una almeja, se posa sobre ella y abre su caparazón tirando de él con sus brazos... Luego introduce su estómago adentro para devorarla.

258

¿Para qué sirven las ventosas de los pulpos?

➤ Gracias a sus ventosas, los pulpos pueden reptar en el fondo del mar, asirse a las rocas y también impedir que escapen sus presas. Sin esas ventosas, sus ocho tentáculos serían muy resbalosos.

259

¡Es cierto!
En los grandes fondos marinos, donde está completamente oscuro, algunos peces y otros animales tienen escamas u órganos luminosos que les permiten reconocerse entre ellos, ¡brillan como luciérnagas!

ANIMALES MARINOS

Los tiburones

260

¿Los tiburones son peligrosos?

➡ Existen más de 350 especies de tiburones. Algunas de ellas son feroces, pero la mayoría son inofensivas. El lucifer es el más pequeño, mide 20 cm. El tiburón ballena es el pez más grande del mundo, mide 15 m, sin embargo no es peligroso. Los más temibles son el gran tiburón blanco, el tiburón tigre, que come todo lo que encuentra ¡hasta viejas latas de conserva!, el tiburón azul y el tiburón martillo.

261

¿El tiburón tiene enemigos?

➡ En verdad, no. Sólo los delfines que los atacan a veces y los hombres que los cazan y los pescan.

¿Es verdad que si un tiburón deja de nadar se hunde?

➡ Sí, porque los tiburones y las rayas están desprovistos de un órgano que permite a los otros peces permanecer inmóviles sin nadar. Los tiburones, entonces, tienen que moverse sin parar, si no ¡se hunden!

262

¿Todos los tiburones tienen dientes grandes?

➡ Sólo los tiburones depredadores, que tienen necesidad de despedazar o de triturar a sus presas, tienen dientes grandes, puntiagudos y cortantes. Algunos, como el gran tiburón blanco, tienen varios cientos repartidos en varias filas.

263

¡Es cierto!
Cada vez que un tiburón pierde un diente al morder una presa muy dura, ¡pronto le sale un nuevo diente!

ANIMALES MARINOS

Los pájaros

¿Todas las aves tienen plumas?

➤➤ Sí, las plumas son una de las características de las aves, así como su pico, nacer de huevos y la ausencia de dientes. Tienen varias ventajas: al desplegarse aumentan considerablemente la superficie de sus alas, también son ligeras, impermeables y excelentes para orientarse.

¿Todos los pájaros saben volar?

➤➤ ¡No todos! El avestruz, por ejemplo, no puede volar, pero es la campeona de las carreras. El pingüino no vuela, pero nada como un pez. La gallina revolotea y se despega sólo algunos centímetros del suelo.

¿Todos los pájaros hacen nidos?

➤➤ Todas las aves tienen necesidad de un lugar para poner sus huevos, pero no todas hacen nidos. Algunas aves marinas cavan hoyos en la arena. En cuanto a la hembra del cucú,

Obra en construcción

no se preocupa mucho ¡y pone en el nido de otro pájaro!

¿Por qué algunas aves baten las alas y otras no?

➤ La mayoría de las aves baten sus alas continuamente para permanecer en el aire y volar. Las que vuelan muy alto, como las aves rapaces, también planean: aprovechan las invisibles corrientes de aire para planear con sus grandes alas extendidas.

¿Cuáles son las aves migratorias?

➤ Son los pájaros que vuelan hacia países más cálidos cuando se acerca el invierno para no morir de hambre. En la primavera hacen el viaje en sentido inverso para anidar y poner huevos.

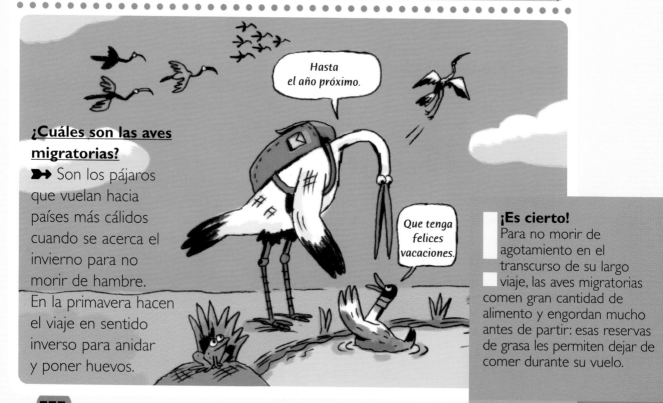

Hasta el año próximo.

Que tenga felices vacaciones.

¡Es cierto!
Para no morir de agotamiento en el transcurso de su largo viaje, las aves migratorias comen gran cantidad de alimento y engordan mucho antes de partir: esas reservas de grasa les permiten dejar de comer durante su vuelo.

Aves extraordinarias

269

¿Cuál es el pájaro más pequeño del mundo?

➡️ Es el colibrí, al que también se llama pájaro mosca. Se alimenta con el néctar de las flores y pone huevos ¡que no son más grandes que un chícharo! Bate sus alas a toda velocidad y es capaz de permanecer así en un solo lugar y de volar a más de 50 km por hora...

¡Ja!, ¡ja!, ¡ja!

270

¿Es verdad que los pericos hablan?

➡️ Siempre se ha dicho que los pericos hablan pero, de hecho, sólo son capaces de repetir algunas palabras o frases. El loro, un gran perico de plumas de colores, es uno de los más hábiles para ese juego: ¡hasta puede imitar el ladrido de un perro!

271

¿Por qué algunas aves tienen picos enormes?

➡️ Ancho, de gancho o puntiagudo, cada pico tiene una función. El tucán se sirve del suyo para cortar los frutos. El perico lo utiliza como una tercera pata para colgarse de las ramas. El del pelícano, con su bolsa elástica, le sirve para guardar comida.

¿Qué hay de comer?

¿Las aves pueden cruzar el mar?

➤➤ No todas son capaces de hacerlo, pero el albatros, la más grande de las aves marinas, sí puede. Gracias a sus alas inmensas, puede sobrevolar los océanos por miles de kilómetros, pasando varios meses en el mar, ¡sin poner una pata en la costa!, pero posándose de vez en cuando en el agua.

Los flamencos rosas, ¿son realmente rosas?

➤➤ Los flamencos viven en colonias a la orilla de los lagos. Algunos son de color rosa claro, otros rosa oscuro y otros ¡casi rojos! Todo depende de la cantidad de colorante rosa contenido en los animalitos parecidos a los camarones con los que se alimentan.

¡Es cierto!
El avestruz, el ave más grande del mundo, pone un huevo tan grande como 25 huevos de gallina. Su cascarón es tan duro que el polluelo del avestruz ¡puede tardar dos días en salir!

EN EL CIELO

¿Por qué en invierno hace menos calor que en verano?

¿Por qué dicen que el planeta se está calentando?

¿Por qué son peligrosas las tormentas?

¿Por qué el cielo es azul?

¿Por qué a Marte le dicen el planeta rojo?

¿Por qué el servicio meteorológico se equivoca a veces?

¿Por qué cintilan las estrellas?

La Tierra en el universo

Preguntas 274 a 310

El universo y los planetas

274

¿Qué es el *Big Bang?*

➤ Hace 15 mil millones de años, el universo que conocemos no existía. Se piensa que una enorme explosión originó la formación de las estrellas y de los planetas. Los científicos la llaman *el Big Bang.*

275

¿Qué es un planeta?

➤ Un planeta es un astro que gira alrededor de una estrella. La Tierra es un planeta y la estrella alrededor de la cual gira ¡es el Sol! Hay otros ocho planetas que giran como la Tierra alrededor del Sol. Es lo que se llama *el sistema solar.*

¿Todos los planetas se parecen?

➤➤ ¡Para nada! Mercurio, Venus y Marte, tienen casi el mismo tamaño que la Tierra y su suelo, como el de la Tierra, está constituido por rocas, mientras que los otros planetas son grandes bolas de gas. Saturno está rodeado por dos anillos brillantes y Júpiter es el planeta más grande: su diámetro es once veces mayor que el de la Tierra.

¿Hay vida en otros planetas?

➤➤ Los marcianos, ET y los monstruos del espacio, sólo existen en los cuentos o en las películas. Sin embargo, hay tantos planetas en el universo, que no es imposible que alguien alberguen seres vivos.

¿Por qué a Marte le dicen *el planeta rojo*?

➤➤ Al observarlo con un poderoso telescopio, el planeta Marte tiene un hermoso color rojo. Eso se debe a la composición del suelo: tiene mucho hierro en su interior.

¡Es cierto!
La Tierra se mueve a toda velocidad, pero no nos damos cuenta. Gira alrededor del Sol a 108 000 kilómetros por hora, en un segundo recorre ¡30 kilómetros!

LA VIDA EN NUESTRO PLANETA

El día y el Sol

¿El Sol es grande?

279

➤➤ ¡El Sol es enorme! Por eso lo vemos bien aun cuando se encuentra a 150 millones de km de nosotros. Es 300 000 veces más pesado que la Tierra. ¡Pero existen en el cielo estrellas más grandes que el Sol!

¿Por qué el cielo es azul?

➤➤ De hecho, la luz del Sol está compuesta por siete colores: los colores del arco iris.

Pero cuando la luz del Sol atraviesa la atmósfera que rodea a la Tierra, encuentra en el aire pequeñas moléculas que propagan sobre todo el color azul.

¿Por qué brilla el Sol?

280

➤➤ Como las otras estrellas, el Sol es una bola de gas ardiente. Su superficie es como un gigantesco incendio que tiene una temperatura de aproximadamente 6 000 grados centígrados. Esta hoguera permanente envía a la Tierra una luz amarilla deslumbrante a la que no hay que mirar de frente.

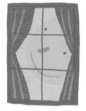

¿Por qué el Sol se levanta de un lado y se oculta del otro?

➼ Al contrario de lo que aparenta, ¡el Sol no se mueve en toda la jornada!, la Tierra es la que gira sobre sí misma como si fuera un trompo ¡por eso el Sol aparece cada mañana de un lado y desaparece cada noche del otro!

282

¿El Sol dejará de brillar algún día?

➼ Sin el Sol no habría vida sobre la Tierra: las plantas, los animales y los hombres, no podrían existir. Afortunadamente los astrónomos prevén que deberá brillar todavía cinco mil millones de años. Después se apagará lentamente...

283

¡Es cierto!
El Sol es 400 veces más grande que la Luna, pero como también está 400 veces más lejos, tenemos la impresión que son del mismo tamaño.

LA VIDA EN NUESTRO PLANETA

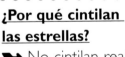

La noche, las estrellas y la Luna

284

¿Adónde van las estrellas durante el día?

➡ No las vemos, pero siempre están allí y siempre son tan numerosas. Sólo que la luz del Sol es tan intensa que nos impide verlas. Por la noche, cuando la luz del Sol empieza a debilitarse, las vemos nuevamente.

285

¿Qué es una estrella fugaz?

➡ De hecho no es una estrella. Es un pequeño trozo de roca proveniente del espacio que arde y se desintegra al acercarse a la Tierra a toda velocidad.

286

¿Por qué cintilan las estrellas?

➡ No cintilan realmente, es sólo una impresión. Para llegar hasta nosotros, la luz de una estrella debe atravesar la capa de aire que rodea a la Tierra y toda clase de fenómenos pueden perturbar su trayecto, provocando pequeños centelleos.

¿Por qué la Luna cambia de forma?

➤➤. La Luna no cambia de forma, siempre es redonda. Desde la Tierra sólo la vemos cuando el Sol la ilumina. Como la Luna gira con la Tierra alrededor del Sol, no siempre es iluminada de la misma manera. A veces la vemos en forma de cuerno, y en las noches de plenilunio la vemos entera. Cuando el Sol no ilumina el lado que es visible desde la Tierra, no podemos verla.

¿Por qué de noche todo está tan oscuro?

➤➤ Porque el Sol no está presente para iluminarnos y las otras estrellas están demasiado lejos para permitirnos ver con claridad. Las noches de Luna llena está menos oscuro porque el Sol ilumina a la Luna y esta, a su vez, alumbra el cielo con su luz brillante.

¡Es cierto!
Siempre vemos el mismo lado de la Luna desde la Tierra, con sus ruedas más oscuras que son cráteres gigantescos. ¡Sólo los astronautas han visto a qué se parece la Luna del otro lado!

288

LA VIDA EN NUESTRO PLANETA

El clima

289

¿Por qué a veces se equivoca el servicio meteorológico?

➼ Generalmente el servicio meteorológico es muy preciso de un día para otro, pero los pronósticos a un plazo mayor son más difíciles. Además, el clima es muy inconstante. El cielo nos juega tretas que los analistas científicos no pueden prever. A veces recibimos gratas sorpresas y otras nos decepcionamos.

290

¿Por qué el clima no es el mismo en todas partes?

➼ Porque intervienen muchos elementos como la posición de una región sobre la Tierra en relación con el Sol, su relieve, su proximidad con el mar, si hay bosques... Por eso al norte y al sur de un mismo país, ¡la temperatura, el viento y el Sol varían!

¿Por qué no tenemos el mismo clima todos los días?

➡ Para describir el clima que hace, analizamos también el estado del aire en un momento dado, pero como el viento se desplaza y hace que se muevan las nubes, ¡el clima puede cambiar rápidamente!

¿Quién pronostica el clima?

➡ Los meteorólogos son los científicos que se dedican a eso. Utilizan instrumentos de medición y están en contacto con las estaciones meteorológicas del mundo entero, así como con los barcos; reciben información y fotos tomadas por satélites.

¡Es cierto!
Antiguamente para saber qué clima iba a hacer, los agricultores observaban la naturaleza y hacían predicciones: "Si las golondrinas vuelan bajo es que va a llover; si un caballo rasca el suelo con sus cascos, se acerca una tormenta...". Hoy día, algunas personas aún predicen el clima de esta forma.

EN LA TIERRA

Las estaciones

293

¿Por qué hay estaciones?

➡ A la Tierra le lleva un año girar alrededor del Sol, pero lo hace un poco inclinada hacia un lado, por eso los rayos del Sol la alcanzan oblicuamente según los lugares de la Tierra y las épocas del año, eso provoca que haya buen o mal tiempo.

¿Las estaciones son las mismas en todas partes?

➡ Para nada. En los polos siempre hace frío y en el ecuador siempre hace calor. A cada lado del ecuador, esa línea imaginaria que divide a la Tierra en dos mitades, las estaciones están invertidas: cuando es invierno en Francia, es verano en Australia.

294

¿Por qué en invierno hace menos calor que en verano?

➡ Primero, porque los días son más cortos y los rayos del Sol no tienen suficiente tiempo para calentar la Tierra. Después, porque en invierno la posición de la Tierra en relación con el Sol hace que sus rayos no lleguen tan directamente como en verano ¡y son menos eficaces!

295

¡Es cierto!
La temperatura no es la misma en todas partes: en África, en el desierto de Libia, puede llegar a más de 50 grados centígrados. En la Antártida, cerca del Polo Sur, el lugar más frío del planeta, el termómetro puede descender ¡a 80 grados centígrados bajo cero!

EN LA TIERRA

Cuando no hace buen tiempo...

296

¿Por qué son peligrosas las tormentas?

➡️ Aunque su estruendo es a veces aterrador, las tormentas no son peligrosas por los truenos, sino por los rayos; tienen una gran cantidad de electricidad.

297

¿Por qué no hay que refugiarse debajo de un árbol durante una tormenta?

➡️ Durante una tormenta, la electricidad de las nubes es atraída por la de la Tierra. Para alcanzarla más fácilmente, los rayos buscan objetos que estén muy por encima del suelo, y en el campo, ¡no hay nada mejor que los árboles!

298

¿Por qué se ve primero el rayo antes de escuchar el trueno?

➡️ El rayo y el trueno se producen exactamente al mismo tiempo. Vemos primero el rayo porque la luz viaja en el aire más rápido que el sonido.

Entre más cerca está una tormenta de nosotros, más corto es su viaje y más cerca están los rayos y los truenos.

¡Por qué a veces hay tornados?

➤➤ Normalmente el aire caliente y el aire frío se desplazan alrededor de la Tierra en forma de viento, que a veces ni se siente. Pero cuando ese aire frío y ese aire caliente se encuentran bruscamente, el viento se levanta en remolino ¡y provoca un tornado!

299

¡En qué pueden convertirse los tornados?

➤➤ Un tifón, llamado también ciclón o huracán, es un enorme tornado, con lluvia y vientos ¡de más de 300 kilómetros por hora! Un tornado es un torbellino gigante de viento que destruye todo a su paso. Un *tsunami* es una ola gigantesca que se estrella contra la costa.

300

¡Es cierto!
El huracán Mitch será recordado por mucho tiempo: fue tan violento que en una semana destruyó ¡más de 90 000 casas!

EN LA TIERRA

¡Qué catástrofes!

301

¿Por qué hay temblores de tierra?

➤ Cada vez que la corteza terrestre se fisura, o se levanta, se produce un temblor de tierra llamado también sismo. En las ciudades o pueblos situados sobre las fisuras los daños son más graves.

302

¿Un maremoto es una gran marea?

➤ ¡No! Un maremoto es una ola gigantesca que se abate brutalmente sobre la costa, provocando una inundación importante. Esta ola crece a lo largo, a causa de un temblor de tierra o a la erupción de un volcán submarino.

303

¿Qué es más peligroso: un ciclón o un huracán?

➤ Esos dos nombres designan a las mismas cosas. Son tormentas muy peligrosas con vientos violentos, torbellinos y fuertes lluvias. La mayoría de ellos se forman en los océanos, en la zona de los trópicos, pero llevan nombres diferentes según la región donde tengan lugar: ciclón, huracán o tifón.

¿Por qué hay inundaciones?

➡ Cuando ha llovido demasiado durante cierto tiempo, una corriente de agua crece tanto que termina por salirse de su lecho y desbordarse. Entonces los torrentes de agua y lodo se llevan todo lo que encuentran en sus orillas.

¿Cuál es la diferencia entre el tornado y el ciclón?

➡ El tornado es más pequeño que el ciclón y tiene lugar siempre en la tierra, mientras que el ciclón se forma en el mar.
Son columnas de viento que se desplazan girando sobre sí mismas, aspirando todo a su paso.

¡Es cierto!
A los ciclones se les designa un nombre para identificarlos. El primero de la estación lleva un nombre que empiece con la letra A, el siguiente con la B, etcétera, alternando nombres de niñas y de niños.

EN LA TIERRA

¡Protejamos la Tierra!

¿Por qué dicen que el planeta se está calentando?

➡ Los científicos han notado que el aire se calienta desde hace algunos años y han llamado a este fenómeno *efecto invernadero*. Se piensa que se origina a causa de la contaminación de las fábricas y de los automóviles. El calentamiento ha dado lugar a más tormentas e inundaciones.

¿Por qué el oso panda está en peligro de extinción?

➡ El panda es uno de los animales que están en riesgo de desaparecer. Ese enorme oso de China se alimenta sólo de bambú y está amenazado porque los hombres cortan los bosques de bambú. Otros animales en peligro de extinción son la ballena, el rinoceronte y el tigre.

¿Qué es la capa de ozono?

➡ La capa de ozono es una capa de gas invisible que rodea a la Tierra, a 25 km de nuestras cabezas, aproximadamente.

Esa capa de ozono nos protege de los rayos del sol más peligrosos, por eso hay que evitar que desaparezca.

¿Cómo podemos impedir las mareas negras?

➤➤ Regularmente, los barcos que transportan petróleo tienen accidentes y provocan mareas negras al derramar su petróleo. Esas embarcaciones generalmente son viejas y están estropeadas, habría que prohibirles que continuaran navegando.

309

¿Por qué hay que respetar a la naturaleza?

➤➤ Los seres humanos, los animales y las plantas viven en la Tierra. Cuando los humanos contaminan la naturaleza, tendrán problemas más tarde. Eso ocurre, por ejemplo, en Francia y en Gran Bretaña donde las crías de cerdos han contaminado el agua. Ahora ya no se puede tomar agua del grifo.

310

¡Es cierto!
Cada minuto, una superficie de bosque mayor que diez campos de fútbol desaparece de la superficie de la Tierra. A las necesidades de los hombres que talan los bosques para trazar caminos o plantar cultivos, se agregan ¡los incendios y las tempestades!

EN LA TIERRA

¿Por qué no hay que dejar correr el agua del grifo?

¿Por qué los adultos tienen que trabajar?

¿Por qué los hermanos mayores deben cuidar a los pequeños?

¿Por qué no siempre podemos hacer lo que queremos?

¿Por qué a veces es mejor tomar un autobús que ir en el automóvil?

¿Por qué siempre hay guerra en alguna parte?

¿Por qué no podemos casarnos con nuestros padres?